Human Agency and Behavioral Economics

Nudging
Fast and Slow

助 推
快与慢

人类动因与行为经济学

【美】卡斯·R.桑斯坦 著
Cass R. Sunstein

王格非 路智雯 译
路智雯 吕文慧 周业安 校

致　谢

　　本书是我与埃德娜·乌尔曼-马加利特（Edna Ullmann-Margalit）长期合作研究的成果。我十分感谢她在理性研究方面作出的卓越贡献，我们合作研究了诸如"次优决策"等课题，这些合作研究为本书提供了许多基本结论和重要思想。理查德·塞勒（Richard Thaler）是作者所有关于助推问题的合作者，他是一位卓越的伙伴以及同事，如果没有我们共同的努力，本书可能无法完成。特别感谢露西娅·赖施（Lucia Reisch）提供的许多有价值的观点，目前我们仍在进行行为经济学相关主题的合作研究，她承担了第二章中繁重的合作研究任务。塞德希尔·穆来纳森（Sendhil Mullainathan）在稀缺和带宽问题中所做的基础性研究对本书助益良多，她还提供了许多有价值的看法和评论。同时要感谢塔利·沙勒特（Tali Sharot），我们就控制的内在价值问题进行了合作研究，其看法对本书第四章的形成起到了重要的作用。

本书的主要部分在柏林写成，这来自作者与拉尔夫·赫特维希（Ralph Hertwig）所进行的广泛而深入的讨论，他是一位杰出的心理学家，特别强调"激发"的重要性。作者从拉尔夫·赫特维希身上获益良多，且仍意犹未尽。克里斯托弗·扬（Christopher Young）提供了出色的研究助理工作，并帮助此书完成编纂。当然，文责自负。

此书中我间接引用并大幅修改了同时期写就的学术文章。包括 Do People Like Nudge?，68 Administrative Law Review 177（2016）；Lucia A. Reisch & Cass R. Sunstein，Do Europeans Like Nudges?，11 Judgement & Decision Making 310（2016）；Choosing Not to Choose，64 Duke Law Journal 1（2014）；以及 People Prefer System 2 Nudges（Kind of），66 Duke Law Journal 121（2016）。

推荐序

　　如果说 20 世纪早期还是行为经济学的酝酿和初创阶段，那么到了 20 世纪六七十年代，随着卡尼曼与特维斯基一系列成果的发表，行为经济学的基础开始逐步夯实。特别是 1979 年他们的《前景理论》一文的发表，宣告了行为经济学正式作为一种经济学的新的理论分支或者流派出现在了世人面前。此后，经过塞勒、费尔、罗文斯坦、凯美瑞、拉宾、莱伯森、席勒、阿克洛夫等经济学家的努力，行为经济学逐步形成了独具特色且比较完善的理论体系，而且还和史密斯、泽尔腾、普劳特等人发展的实验经济学相结合，成为比较完整的新的经济学理论体系，对当代经济学的发展影响深远。

　　行为经济学给传统经济学输入了哪些新鲜血液？首先，传统经济学有一个微观基础，但不牢靠。比如说理性预期，这个过程是如何作出的？假如人们都能够理性预期，为什么人们还常常犯错误？而且犯同样一类错误？关于这一个问题，传统经济学束手无策。行为经济学则给出了解答。按照卡尼曼的认知双系统理论，我们每个人的大脑在认知过程中都存在两个系统的相互作用，其中之一是慢系统，也就是系统2，在这个系统的支配下，个体能够深思熟虑、精打细算，可以视其为传统经济学所假定的理性经济人；另一个是快系统，也就是系统1，这是现代认知科学和心理学的研究发现之一，个体在这个系统的支配下，常常凭直觉行事、受情感驱动。由于两个系统相互作用，时而系统1占上风，时而系统2占上风，所以我们每个人在日常的社会经济生活中，总是表现为理智与情感的混合体。而传统经济学只关注理智部分，忽略了情感部分。行为经济学把情感重新纳入人的行为的分析范畴，从而让经济学关于人的分析更真实、更科学。

　　其次，传统经济学借助效用最大化来刻画理性经济人的选择行为，而行为经济学则有不同的看法。行为经济学家认为，人们在决策和判断时，并不完全依据每个选择方案的准确结果，也就是决策方案的绝对效用，而是主要依据某些参照点，计算相对损益。比如，在一个人均工资 3 000 元/月的城市，如果一个公司提供的岗位月薪是 5 000 元/月，那就意味着这是一个相对高薪的工作，非常具有吸引力；但同样的工资水平在一个人均工资 5 000 元/月的城市，就缺乏足够的吸引力了。从月薪的绝对值看，同样都是 5 000 元/月，由于相对于当地的平均工资水平不同，对选择的人来说会带来重要的影响。可能有些人会说，这是当事人考虑了实际购买力的影响后所作出的判断和决策。确实如此，不同城市的生活成本不同，这体现在人均工资水平的差异上。行为经济学家并不否认人们在判断和决策时的理性表现，而是强调，这种理性要比传统经济学所强调的理性预期弱得多，是一种西蒙所讲的有限理性。在这种情况下，当事人不会去也没有能力去计算每个选择方案的绝对损益，而是借助参照点来快速决策，比参照点多，激励就强。这恰恰是快系统的作用的体现。不仅如此，当事人还普遍表现出损失厌恶，对损失的变化的认知更为强烈，因而，在给定相对损益的情况下，收益变化对当事人的激励要小于损失变化，两者是不对称的。在不确定的条件下，有限理性的当事人在作决策时无法找到事件的客观概率分布，只能依据主观概率分布进行推断，这就可能出现高估小概率事件和低估大概率事件的情形，这正是有限理性的体现。

最后，行为经济学既然强调情感因素，突出参照点带来的比较，也就不可避免地面对人的社会属性。传统经济学的理性经济人是纯粹的个体，这是方法论个体主义带来的必然结果。而现实中的人不仅是个体，同时也是社会的一分子。个人身上的社会属性无法回避，而传统经济学无法有效处理这种社会属性。因而，在传统经济学中，有关伦理的主题就避而不谈，道德被视为理所当然的存在。行为经济学从前景理论出发，进一步借助实验经济学方法，着手研究真实的人的行为，从而把人的社会属性重新纳入视野当中。在行为经济学家看来，人们身上存在着固有的亲社会性，反映在偏好上，就是社会偏好。社会偏好表现为利他、互惠、公平和认同等。社会偏好并不是基于利益计算，而是出于情感，是一种社会属性的展示。贝克尔虽然试图通过理性经济人的方式来处理利他行为等亲社会行为，但完全背离了这些亲社会行为的本质。举一个很简单的例子，日常生活中人们助人为乐，并非出于算计，而是凭直觉行事。这是系统 1 的作用。与此相反，因为碰瓷现象的出现，人们助人为乐的激励下降了，这恰恰是系统 2 对系统 1 的挤出，并非说人们助人为乐是出于算计的结果。所以，社会制度和文化应该有助于系统 2 在助人为乐这个事情上不被挤出，而不是仅仅依赖重奖。

由于行为经济学强调有限理性，突出人的社会属性，因而在政策设计上就有着和传统经济学完全不同的理念。行为经济学的政策观强调对社会成员的社会偏好的激发，而不是完全依赖物质奖惩。行为经济学家并不否认理性的存在，承认系统 2 对人的行为起着巨大的作用。但与此同时，行为经济学家也重申，系统 1 在很多时候都是人们进行判断和决策时的常设机制，直觉和情感非常重要。那么如何才能有效激发人们内在的社会偏好呢？行为经济学家提出了助推导向的政策设计理念。何谓助推？就是通过较低的成本对社会成员施加某种行为干预，从而激发其内在的社会偏好，并诱导其行为走向有利于社会福利改进的方向。日常生活中，典型的助推案例就是在香烟盒上印上"吸烟有害健康"，警示吸烟者，吸烟的后果是付出健康的代价。增加这六个字的成本很低，但可以非常有效地提示吸烟者，从而起到干预吸烟者行为的作用。实际上，吸烟不仅仅对自身的健康有害，更重要的是它带来了巨大的负外部性，对周围的人害处更大。因此，自觉地克制吸烟行为，特别是通过自我控制来杜绝公共场所的吸烟行为，是一种亲社会行为的体现。通过这六个字的提示，就是助推吸烟者激发内在的自我控制机制，从而采取亲社会行为。

但是如何助推？助推真的有效吗？哪些助推有效？哪些助推无效？哪些助推会得到人们的支持？哪些助推会遭到人们的反对？助推与其他政策之间的关系如何？助推背后的更深层的观念是什么？关于这些问题，并没有一致的答案。从现有的文献看，众多实地实验研究结果表明，节能减排、教育、扶贫等领域的助推普遍有效，但也取决于具体的助推机制的设计。卡斯·R.桑斯坦教授的《助推：快与慢——人类动因与行为经济学》一书虽字数有限，但寥寥数语，已经把助推领域中常见的困惑讲得清清楚楚。按照桑斯坦的看法，助推同时考虑了人的动因和控制，通过一些机制的设计，能够激发人们的动因，从而促使人们作出某些符合特定目标的行为，但同时又不会损害人们的选择自由。仍举吸烟者助推的例子。警示标志的使用，不会损害人们的选择自由，但可以激发吸烟者戒烟的动因，从而激励吸烟者采取自我控制，降低吸烟量，并进一步降低环境中的二手烟危害。助推能够通过适度的动因激发和行为干预控制来实现符合社会福利的改进的目标。

助推多种多样。即便人们不了解行为经济学的知识，也同样会采取一些助推机制。实际上，助推机制是人们日常生活中随处可见的做法，也是任何一个社会都早已普遍采用的做法。行为经济学家通过对助推机制的深入的科学研究，进一步揭示了助推的作用机制和局限，从而可以在更大范围内有意识地进行机制设计，以改善人们的生活境况。可以说，助推是迄今为止经济学家对人们实际生活改进最多的发现之一。助推和通常的政府干预不同，通常的政府干预往往带有强制性，从而会损害人们的选择自由。并且通常的政府干预也会面临干预失灵的难题。助推是通过动因激发和行为干预来实现的，不会损害人们的选择自由。像信息提示、默认规则、自动参与设置、特定标签等，都能够起到有效引导人们行为的效果。不过，桑斯坦和其合作者进一步通过问卷实验研究了不同类型的助推的实施及其背后的潜在问题，他们把助推分为教育型和非教育型两大类，并讨论了不同类型的助推与人们的偏好之间的关系。通过数据分析可以发现，不同的人对助推类型的偏好存在很多共性，但也存在一些显著差别。这就意味着助推的差异性和多样性非常重要。同时助推必须契合人们的偏好，否则助推就很难起到效果。

　　《助推：快与慢——人类动因与行为经济学》这本书能够写得如此生动，得益于桑斯坦非常丰富的人生经历。他于 1975 年在哈佛大学获得学士学位，1978 年在哈佛大学法学院获得法律博士学位，1981—2008 年间在芝加哥大学法学院和政治学系历任助理教授、副教授、教授和卡尔·N. 卢埃林法理学杰出服务教授；2008—2011、2012—2013 年间任哈佛大学法学院费利克斯·弗兰克福特法学教授；2013 年至今任哈佛大学罗伯特·沃尔姆斯利教授，是哈佛大学法学院行为经济学和公共政策项目的创始人和主任。2009—2012 年，他曾任美国白宫信息和监管事务办公室（White House Office of Information and Regulatory Affairs）主任，还在美国白宫情报与通信技术审查小组（Review Board on Intelligence and Communications Technologies）和五角大楼的国防创新委员会（Defense Innovation Board）任职，并且是一些机构的咨询专家和顾问。2018 年，他荣获挪威政府颁发的霍尔伯格奖。桑斯坦在法学、政治学、经济学等领域非常有影响力，著作颇丰（已经有多部著作出版了中译本），是行为与法律经济学这一交叉学科的主要创立者与代表人物，和诺贝尔经济学奖得主理查德·塞勒一起致力于推动行为经济学在政策设计与实际生活中的运用。

　　桑斯坦既有很高的学术造诣，又有丰富的实践经验，正是因为这样，他才得以深刻理解通过助推改进人们现实生活的意义。本书的出版可以为我国的社会经济转型以及深层次改革开放提供更丰富的启迪。本书会让人们认识到，直接干预未必是最好的政策，因为干预会严重损害人们的选择自由，不仅影响到干预的效果，而且还让事情变得更加复杂。假如我们能够深刻领会本书的思想，那么就可以在干预之外，更多地配合助推，在保留甚至扩大人们的选择自由空间的同时，还能够有效引导人们的行为。这岂不是一个更加美好的政策图景？本书虽小，但翻译极难，一些关键术语经历了反复打磨、多方请教。比如书中"动因"一词，就是大家集体讨论的结晶。在这里特别感谢叶航教授、杜宁华教授、董志强教授、杨晓兰教授、陈叶烽副教授、包特博士等好友提供的建议。当然，因为记忆的关系，还有一些学者提供了建议，但我一时想不起名字，在此一一表示感谢，希望别介意我的忘性。本书最早由我的博士生王格非翻译，后来由我的博士生路智雯再次进行了校对和修补，其间南京财经大学的吕文慧老师帮忙做了初校，在此对他们的辛苦付出表示感谢。同时，感谢中国人民大学出版社对该书翻译工作的大力支持。做学术译著，纯属公益，往往不仅没有好处，还会因翻译中出现的各种问题而遭骂。但中译本对我们这种转型社会来说，具有独特的意义。期望本书也能够帮助到一些人，这就足够了。

周业安

特殊时期，在世纪城的一个小屋里叨叨了很久。

2020 年 6 月 22 日

目　录

第一章　导论：动因[*]与控制

对大部分人而言，控制具有某种内在价值，人们想要把握控制权，并愿意为此付出某种代价。当私立制度或公共制度限制了某些选择，或者妨碍了动因时，人们便会抗争，即使行使

---

[*]　agency 一词在现今经济学译著中通常被译为"代理"，但按照其他社会科学的用法，agency 是指个体的能动性，或者说社会结构中的个体的能动性。比如维基百科把 agency 定义为"一个行为人在给定环境中行动的能力"，见 https://en. wikipedia. org/wiki/Agency_(philosophy)。心理学中 agency 被译为"能量"，agent 被译为"动因"，见凌文辁，方俐洛. 英汉心理学词典. 北京：机械工业出版社，2000。但在班杜拉（Bandura, 1999）等经典文献中，agency 被译为"动因"，比如见 Bandura, A. Social Cognitive Theory: An Agentic Perspective. *Asian Journal of Social Psychology*. 1999，2：21 - 41。由于本书阐述行为经济学的思想和相关研究成果，而行为经济学的主要源头就是认知科学，因此，本书采用"动因"的译法还是比较妥当的。实际上，本章开头也表明了作者对 agency 的定义就是和心理学文献一致的"动因"。——译者注

控制权有时不会带来实际的好处，甚至会产生损失，但依然如此。不过，有时候人们也会放弃控制，因为激发动因将不堪重负，代价高昂。

本书主要阐述动因和控制，即人们对自己生活的掌控力。进而讨论我们如何理解这种能力，以及什么可能会干扰这种能力。

助推正是为了同时保持动因与控制而设计的手段，助推促使人们向某个特定的方向前进，但它同样允许人们走自己的路。① 如果你想的话，你尽可以忽略助推。

提示消息属于助推，警告同样也属于助推，GPS 导航属于助推，默认规则也是助推。想想你手机或者电脑的自动出厂设置，你可以任意改变它。披露相关信息，比如有关吸烟风险或者借贷成本的信息，同样也是助推。劝告属于助推（"如果你想要减肥，那么不要再吃甜食了！"），允许雇员将他们未来工资的一部分存入养老保险计划，这种"明日多储蓄计划"（Save

---

① 见 Richard H. Thaler and Cass R. Sunstein，*Nudge*：*Improving Decisions About Health*，*Wealth*，*And Happiness*，6（2008）（定义并探索了选择保留政策）。有关简化决策战略的研究，见 Edna Ullmann-Margalit and Cass R. Sunstein，Second-Order Decisions，110 *Ethics* 5（1999）（Thaler and Sunstein 2008；Ullmann-Margalit and Sunsatein 1999）。

More Tomorrow Plan）也属于助推。[①] 和"明日多储蓄计划"相仿，那些捐赠者将部分未来收入捐给慈善机构的计划也属于助推。[②]

在法律和政策领域，不管这些规则是否叫作"助推"，这种机制都随处可见。它们几乎和人类的历史一样古老。在《创世纪》中，不管是撒旦、夏娃还是上帝都曾经使用过助推。在 21世纪，公共机构敏锐地意识到了助推的优势，并将助推机制作为政策工具箱中的重要组成部分。[③] 助推在美国实行的各项政策措施中发挥着重要的作用，包括环境保护、国家安全、扶贫、金融监管、肥胖防治以及教育。在 21世纪最初的十年，不管是共和党还是民主党执政下的美国政府，推行的各项改革中都使用了助推措施，助推不仅仅出现在"助推小组"的各项措施中，也出现在白宫以及政府各部门出台的措施中。2012 年美国成立

[①] 见 Richard H. Thaler, *Misbehaving：The Making of Behavioral Economics*，309 - 322（2015）（Thaler 2015）。

[②] 见 Anna Breman, Give More Tomorrow：Two Field Experiments on Altruism and Intertemporal Choice, 95 *Journal of Public Economics* 1349（2011）（表明"明日多储蓄计划"实施后，储蓄显著增长）（Breman 2011）。

[③] 见 David Halpern, *Inside the Nudge Unit*（2014）；Cass R. Sunstein, *Simpler：The Future of Government*，Behaviour Change, H. L. Paper 179（2011），http://www. publications. parliament. uk/pa/ld201012/idslect/ldsctech/179/179. pdf（Halpern 2014；Sunstein 2013）。

了白宫社会与行为科学小组。

2009年英国建立了第一个行为研究小组，将助推和选择框架广泛应用于促进各项社会成就上，并获得了显著成效，节省了大量开支，同时挽救了许多生命。在本书的写作过程中，大量国家和地区建立起了"助推小组"。2015年世界银行发布的专注于消除贫困和促进发展的年度报告全篇都着力于介绍各项行为学工具的使用，特别强调助推的作用。[①] 2016年，卡塔尔成为中东地区第一个成立"助推小组"的国家。开放型政府伙伴计划同样也可被视为是为了防止分裂、进行公民教育以及实现可持续发展目标而实行的一种助推。在不久的将来，我们必将看到行为科学被更广泛地应用在更高级别的政府计划中。事实上，就政府部门而言，行动规模正在逐月增加。

我们不应忽视助推兴起的原因。如果政府能够通过某些工具使政策达到效果，在降低执行成本的同时，还能保留人们自由选择的权利，那么无疑政府会十分重视此类工具的使用。在储蓄计划、气候变化、维护稳定和医疗卫生领域，行为科学介入的解决方案已经获得了相当的重视。在其他不计其数的领域中，行为科学的介入也引起了变革，并造福了数以百万计的人。

---

① 见 The World Bank, *World Development Report 2015*（2015）。

教育和框架

在法律和公共政策领域，以及私人机构的行为中，区分教育型和非教育型这两种助推的模式十分重要。在很多情况下，教育型助推更具有吸引力。"授人以鱼不如授人以渔"，教育型助推能够教给人捕鱼的技能，谁能拒绝这样的吸引力呢？所有助推都能够影响选择框架，人们作出选择时的背景被称作选择框架。人们若真的能在某种选择框架中学习，那么这种框架无疑更具有吸引力。

教育型助推包括披露要求、提示信息和警示，这些举措旨在提升人们的自我动因的能力。这些举措能够增加人们的知识和能力、锻炼记忆力、激起远大目标和抱负，并尽可能凸显相关信息。教育型助推能够促进人们作出那些使生活更好的选择，以增加人类福祉。另外，教育型助推能够极好地适应那些强调动因和自主权的民主政治传统。通过增加人们的知识储备和明辨是非的能力，教育型助推使他们变成了更好的选择者。

非教育型助推则相当不同。它允许人们维持原有选择，不具备任何教育作用。这种助推包括默认设置和有关条款顺序安排的策略性决策，例如咖啡馆或餐厅的菜单。它并不会干扰人们的自由选择，但也不会提升人们的自我动因的能力（除非它们能使人们不去思考某些问题）。非教育型助推被认为是经过精心设计的，即它们可以将世界改造得更好，但并未使人们获得见识。

一个精心规划的机场包含了多个助推，其中许多助推能够引导人们走向正确的方向（或者特别促使人们走进某家店铺）。其中一部分是教育型的：指示牌提供了有价值的信息，包括登机口、书店和卫生间的位置。另一部分是非教育型的：如果仅仅是无意识地随着指示牌走，你也能够到达你想去的方向。这类助推和 GPS 导航设备一样增加了人们的福利，因为它们让生活更容易驾驭。人们很难从 GPS 设备中学到什么，他们只需跟从规划路线，即使不学习，GPS 设备也提供了很大帮助。

增强引导性是助推机制的一大目标，教育型助推和非教育型助推都能够实现这一目标。事实上，助推就像是指示牌，它作为一种工具使得出行更为简单。教会人们如何找到方向（如理财素养）和简单地为人们指引道路（如自动在一个多样化被动管理型基金中注册）是相当不同的。

我们需要谨慎地区别这两种助推。一些明显属于非教育型助推的机制同样能够传递信息。一个图形化的健康警示并不能提供足够的信息，但至少这种警示引起了恐惧，人们也能从中了解到很多。尽管图形化的健康警示没有提供任何统计信息，仅仅展示了重病病人的形象，但吸烟者或者潜在的吸烟者也能从中获得足够的关于吸烟引起健康风险的信息。[①]事实上，基于合理的假设，图形化的警示比统计信息更能促使人们获得知识，因为人们总是忽略或者无法理解统计信息。

同样，默认设置可能不是传授知识的最自然的手段，但它恰恰能传授知识。如果人们自动加入了某个储蓄计划，他们会收到这样一个信号，即加入某个储蓄计划是有意义的。一个默认值为4％的捐助计划也许会给人们传递这样一个信息：专家认为4％是一个合适的捐助比例。明显的非教育型助推机制很可能会给人们传授知识（不论好坏）。然而必须明辨的是，那些十分明显地想要传授某些信息的机制（例如提示信息）和精心设计使得人们向正确方向前进的机制具有重要的区别。我们能够在把后者描述成非教育型助推的同时，承认某些潜在社会信

---

① 见 Christine Jolls, Product Warnings, Debiasing, and Free Speech: The Case of Tobacco Regulation, 169 *Journal of Institutional and Theoretical Economics* 53 (2013)（发现图形化警示确实能使人们更好地获得信息）(Jolls 2013)。

号的存在。

非教育型助推总是特别受欢迎，因为不管从时间上还是注意力上，这种机制对受益人群只提出了很少的要求。非教育型助推使得生活变得可以忍受或者至少变得更容易。特别地，它使得人们所需要的东西更容易获得，比如食物、教育、健康、就业、特许经营权、服务、自治、金钱，甚至可能包括其他许多美好的东西（比如爱情）。从这个角度来说，非教育型助推能够在增进福利的同时促进自治。例如，一些促使健康食物更容易获得的措施，或者自动将人们注册为选民的措施。

两个系统

在行为科学中，明辨人类思维中的两类认知过程是非常有帮助的：系统1通常是快速的、自动的、直觉性的，而系统2通常是缓慢的、计算性的、被动的以及审慎的。诺贝尔经济学奖获得者丹尼尔·卡尼曼（Daniel Kahneman）在发展双系统理

论方面作出了卓越贡献。[1] 当人们在识别爱人的笑脸，计算 3
加 3，或者在黑夜中寻找卫生间时，是系统 1 在进行工作。而
当人们第一次学习开车，尝试记起一个不太熟悉的人的名字，
计算 563 乘以 322，或者在几个医疗保险计划之间进行艰难选
择时，他们必须依赖系统 2。

　　双系统理论是极富争议的，在当下也是如此。双系统理论
应被理解为一个有帮助的比喻，而不能被理解为人脑中真的存
在的某种实体。可以确定的是，在处理不同工作时，人脑活跃
的区域不同，这在一定程度上说明了"系统"理论具有客观证
据。一个影响深远的观点认为，"自发的和有控制的大脑进程能
够通过它们在大脑何处发生来进行识别"。[2] 前额叶皮质，大脑
最高级的区域（从进化角度而言），也是人类与其他物种最大的
区别所在，同深思熟虑的行为联系在一起，因此也与系统 2 联

---

　　① 见 Daniel Kahneman, Thinking, Fast and Slow（2011）（描述并分析了这一
区别及其影响）。双系统分类极具争议性，同时探明这一理论究竟想要表明什么是
十分合理的。例如，Elizabeth A. Pehlps, Karolina M. Lempert 和 Peter Sokol-Hess-
ner 曾提出了不同的观点（即多种而不是两种系统影响了决策），Emotion and
Decision Making: Multiple Modulatory Neural Circuits, 37 *Annual Review of Neu-
roscience* 263, 281－283（2014）。我将卡尼曼的观点看作是一个有用的设想。对那
些否认或怀疑这一术语的人，这也许有助于简单地区分教育型助推和非教育型助
推，并理解这里询问的是人们偏好哪种助推（Kahneman 2011; Phelps et al. 2014）。

　　② Colin Camerer et al., Neuroeconomics: How Neuroscience Can Inform Eco-
nomics, 43 *Journal of Economics Literature* 1, 17（2005）（Camerer et al. 2005）.

系在了一起。杏仁体和大量自发进程（包括恐惧）联系在了一起，因此和系统1相关。

研究发现，在进行跨期决策时（一个与行为科学相关的重要主题），没有耐心的人在思考他们的未来的自我时，大脑某些区域相当活跃，而这些区域在他们思考现在的自我时明显很不活跃。[①] 换句话说，他们未来的自我同当下的自我似乎有所不同。相比之下，耐心的人在思考未来的自我时，大脑的这些区域是活跃的。这一发现很好地解释了不顾未来的短视和时间不一致性（两者都能引起严重的健康和幸福感问题）。神经科学认为，没有耐心的人使用相同的方式考虑未来的自我和考虑陌生人，这增加了他们对自己未来的幸福感关心不足的可能性。

此外，不同的大脑区域会进行互动，并且在同一个任务中协同工作。在脑神经科学中没有必要为了区分二者而对费力和不费力的大脑进程提供技术上的或者具有争议性的说明。系统1和系统2的理论仅仅是为阐明事实而进行的一种比喻（且这一说明能够被系统1迅速理解，即足够直白）。

系统1能够并且通常运行正确。如丹尼尔·卡尼曼和沙

---

① 见 Jason P. Mitchell et al., Medial Prefrontal Cortex Predicts Intertemporal Choice, 23 *Journal of Economic Literature* 1, 17 (2005) (Camerer et al. 2005)。

内·弗雷德里克（Shane Frederick）所说："尽管系统 1 较系统 2 更为初级，但系统 1 并不是较为低能的。"[1] 尽管系统 1 反应快速且只需简单激发，人们仍然能够表现得相当好。[2] 任何职业运动员或者音乐家都拥有受过良好训练的系统 1，职业网球运动员能在瞬间找到击球点，泰勒·斯威夫特（Taylor Swift）毫不费力就能记住如何演唱自己的歌曲。经过长年累月的训练，一个有经验的律师、医生或者工程师也拥有经过良好训练的系统 1，并且经过良好训练的直觉随时做好了准备。同时，系统 2

---

[1] Daniel Kahneman & Shane Frederick, Representativeness Revisited: Attribute Substitution in Intuitive Judgement, in Intuitive Judgement, in *Heuristics and Biases: The Psychology of Intuitive Judgement*, 49, 51 (Thomas Gilovich et al. eds., 2002). 见 Daniel Kahneman and Gary Klein, Conditions for Intuitive Expertise: A Failure to Diasgree, 64 American Psychologist, 515 (2009)（表明那些对于直觉或系统 1 有明显不同观点的人，认为教育和训练能够使人们作出又好又快的决定）。

[2] 见 Gred Gigerenzer, Peter M. Todd & ABC Research Grp., *Simple Heuristics that Make Us Smart* (1999)（讨论了利用直觉启发法能够作出快速有效的决定）；Gerd Gigerenzer, *Simply Rational* (2015)（同）。进一步的讨论，见 Mark Kelman, *The Heuristics Debate* (2011)（讨论了启发法是产生系统性偏误还是基本准确的判断）。在我看来，这种偶然（并荒谬）的激烈的心理学讨论并未对法律和政策产生强烈影响。每个人都认同启发法通常能够很好地发挥作用，这也是启发法存在的原因。在这个方面，所谓的竞争双方并不存在对立。每个人都认同启发法通常是快速且廉价的。每个人也都同意，在某些重要问题上，有限理性的人也会犯错。每个人也应该同意，在某些重要问题上，完美的（从有效性以及结果准确性上来说）启发法也会产生错误。当人们失误时，一些助推或者选择框架的改进也许有用。可以确认的是，最佳助推可能涉及也可能不涉及教育或某些"激励"。(Gigerenzer et al. 1999; Gigerenzer 2015; Kelman 2011)。

很难保证万无一失。在做乘法或者选择医疗保险计划时，人们总是犯错，尽管他们已经十分努力。[1]

然而，系统1与很多明显的行为偏见联系紧密，造成了法律以及政策领域的诸多问题。人们总是表现出"现状偏见"，将注意力集中于短期，而忽视了未来。大多数人表现出不切实际的乐观倾向。[2] 大部分时候人们依赖的启发式思维或思维捷径运行良好，但有些时候会引导人们走向错误的方向。有些情况下，人们的直觉完全错误，并产生了一些甚至会影响人生轨迹的后果。[3] 通常情况下，我们的直觉足够，并能有效地处理问

---

[1] 见 Eric J. Johnson, Ran Hassin, Tom Baker, Allison T. Bajger & Galen Treuer, Can Consumer Make Affordable Care Affordable? The Value of Choice Architecture, *PLOS One* (Dec. 18, 2013), http://journals. plos. org/plosone/article/asset? id＝10. 1371％2FJournal. pone. 0081521. pdf [http://perma. cc/WPX4-2QS8]（结论是：那些使用在线交换的个人并不擅长选择最有效的医疗保险计划）(Johnson et al. 2013)。

[2] 见 Tali Sharot, *The Optimism Bias: A Tour of the Irrationally Positive Brain* (2011)（研究了人们有不切实际的乐观倾向）(Sharot 2011)。

[3] 更有力的定义见 Daniel L. Chen, Tobias J. Moskowitz & Kelly Shue, Decision-Making Under the Gamblers' Fallacy: Evidence from Asylum Judges, Loan Office, and Baseball Umpires 12 – 26 (Jan. 12, 2016)（未发表），http://papers. ssrn. com/sol3/papers. cfm? abstract_id＝2538147 [http://perma. cc/W8H2-STE2]（表明决策者总尝试相信在小样本中观察到的支持率和反对率同样能够在大样本中观察到）(Chen et al. 2016)。

题。但直觉也可能完全不起作用①，在这种情况下，好的助推和选择框架引导人们向他们期望的方向移动，这些助推提供了不可或缺的帮助。② 管理机构和法律机构正是如此。

政府机构提供的教育型助推可以被视为是通过促进人们审慎思考来增强系统 2 的作用的尝试。最明显的例子就是相关信息披露。③ 有一部分助推有时候被形容为"促进"，它们尝试增强人们自己作出选择的能力，例如增进人们的统计学素养。

非教育型助推通常被设计成能够唤起、增强或者激活系统

---

① 家庭金融决策见 John Y. Campbell, Restoring Rational Choice: The Challenge of Consumer Financial Regulation 106 *American Economics Review* 1 (2016)（对家庭金融决策失误进行了分类并呼吁使用多种干涉方法，包括托管，来纠正这些失误）。

② 更有力的说明见 Raj Chetty, John N. Friedman, Søren LethPeterson, Torben Nielsen & Tore Olsen, *Active versus Passive Decisions and Crowdout in Retirement Savings Accounts: Evidence from Denmark*, 40 - 43 (Nat'l Bureau of Econ. Research, Working Paper No. 18565, 2012), http://www.nber.org/papers/w18565 [http://perma.cc/9TDQ-Y63Z]（建议使用多种利用行为经济学的政策）(Chetty et al. 2012; Chetty 2015)。

③ The Credit Card Accountability Responsibility and Disclosure (CARD) 2009 年的行动包含了多个例子。Credit Card Accountability Responsibility and Disclosure Act of 2009, Pub. L. NO. 111 - 24, 123 Stat. 1734（被编码为 15 U.S.C. 的分解修订版）。它们的概述和影响见 Sumit Agarwal, Souphala Chomsisengphet, Neale Mahoney & Johannes Stroebel, Regulating Consumer Financial Products: Evidence from Credit Cards (Aug. 2014)（未发表），http://papers.ssrn.com/sol3/papers.cfm?abstractid=2330942 [https://perma.cc/6CTP-AYTP]（发现 CARD 行动每年为消费者节省超过 120 亿美元）。

1。意图预示民众健康风险的图形化的健康警示就是一个例子，它们通常不具备教育的目的或影响。[①] 我们也许能够区分系统 1 披露和系统 2 披露。系统 2 披露通常能够提供给人们一些事实信息，并要求他们去处理这些信息，而系统 1 披露则被设计为作用于自动系统（例如唤起恐惧或者希望）。严格地说，某些助推并不会唤起系统 1，但在运行中产生了唤起系统 1 的效果。例如：默认设置由于惰性的存在发挥了巨大的作用，又或者由于人们选择性注意的特性，菜单的排列顺序能够影响人们的选择。[②] 此类助推被认为是"利用"了系统 1 的运行规律。尽管一个更为中性的看法是，此类助推考虑到了系统 1 的运行规律，但某些形式的选择框架依然不可避免地影响到了系统 1。

---

① R. J. Reynolds Tobacco Co. v. FDA, 823 F. Supp. 2d 36, 47 (D. D. C 2011), aff'd, 696 F. 3d 1205 (D. C. Cir. 2012). 详尽的讨论，见 Christine Jolls, Product Warnings, Debiasing, and Free Speech: The Case of Tobacco Regulation, 169 *Journal of Institutional and Theoretical Economics* 53 (2013)（发现图形化警示能够使人们更好地获得信息）(Jolls 2013)。

② 见 Eran Dayan & Maya Bar-Hillel, Nudge to Nobesity II: Menu Positions Influence Food Orders, 6 *Judgement & Decision Making* 333 (2011)（说明了菜单设置的作用）; Daniel R. Feenberg, Ina Ganuli, Patrick Gaule & Johathan Gruber, It's good to be First: Order Bias in Reading and Citing NBER Working Papers (Nat'l Bureau of Econ. Research, Working Paper No. 21141, 2015), http://www.nber.org/papers/w21141 [http://perma.cc/K2XU-WY5K]（表明人们更有可能阅读并引用那些位于列表首位的学术文章）(Dayan and Bar-Hillel 2011; Freenberg et al. 2015)。

在本书中，我如此理解：系统 2 助推旨在增强人们的自我动因的能力。从伦理学等角度来说，由于系统 2 助推更有可能发挥作用，以及较为尊重参与人而显得比较出色。正如哲学家杰里米·沃尔德伦（Jeremy Waldron）所说："我希望我能被塑造成一个更好的选择者，而不是有人利用我当下的无知和可怜的直觉牟利（即使是为我的个人利益）。"①

从理论上说，沃尔德伦的愿望值得尊敬，某些助推旨在实现这一愿望。但现实中，当某项助推代价高昂、存在干扰性、很难使人们在某些领域成为更好的选择者，或者系统 1 助推带来的总收益远远高于系统 2 助推带来的总收益时，挑战也随之增加。通常来说，利用某些社会框架是帮助人们的最佳手段。系统 1 助推，例如自动加入计划，使生活变得更为简单和美好，这一收益并不微小。亦有证据表明，系统 2 助推会影响到人们的信念，但并不会改变人们的行为，因此，系统 1 助推在切实

---

① Jeremy Waldron, *It's All for Your Own Good*, N. Y. Rev. Books（Oct 9, 2014），http://www.nybooks.com/articles/archives/2014/oct/09/cass-sunstein-its-all-your-own-good [http://perma.cc/4MXL-ZYN2] 这一观点在 Andrés Moles, Nudging for Liberals，41 Social Theory and Practice 644（2015）（Waldron 2014）的富有启发性的讨论中受到了质疑。

改变人们行为的方面更为有效。[①] 如何在系统 1 助推和系统 2 助推中作出抉择？这涉及关于动因、自主权和福利的更为普遍和基础的问题。

动因可行性的新挑战

很明显，行为经济学的发展很广泛地引发了此类问题。人们的选择越来越受到一些相当微小和看起来毫无关联的因素影响，这些因素在选择者看来毫无关联，它们对选择者的影响是如此微小，以至于他们无法察觉，或常常否认影响的存在。

例如，较为关心健康和环境的人更喜欢购买那些装在绿色包装袋中的商品[②]；如果人们被要求在填写表格之前签名，而不是在填写表格之后签名，他们在填写表格时会更诚实；如果提醒人们想起社保号码的后几位，他们会愿意在消费品上花更

---

① 见 Sandro Ambuehl，B. Douglas Berheim & Annamaria Lusardi，*The Effect of Financial Education on the Quality of Decision Making*，5 - 6（Nat'l Bureau of Econ. Research，Working Paper No. 20618，2014），http://www.nber.rog/papers/w20618［http://perma.cc/H8YC-DQF5］（发现了金融教育对决策的混杂影响）(Ambuehl et al. 2014)。

② 见 Jonathan P. Schuldt，Does Green Mean Healthy? Nutrition Label Color Affects Perceptions of Healthfulness，28 *Health Communication* 814，818 - 819（2013），http://perma.law.harvardedu/0TdZQj6CXFG (Schuldt 2013)。

多的钱（例如，后几位是 9876；如果后几位是 1234，他们可能会愿意花更少的钱）。天气影响我们的情绪，我们的情绪影响我们的决策，比如进行哪种投资，购买何处房产或者进入哪所大学。各种各样无关的因素无所不在地影响我们的决策。[①] 我们也会很容易被那些激发我们情绪，或者那些唤起我们思维捷径或是直觉的个人或公众人物影响，从而改变我们的预判（通过使我们认为如果不按照他们期盼的那样做，就会有一些不幸发生；或者如果我们按照他们期盼的那样做，所有事情都会无比顺利）。

这些发现对整个个人动因理论产生了重要且棘手的影响。如果我们很容易被那些无关的因素影响，甚至是被这些因素控制，那么我们的动因将会面临巨大的风险，而不论是由具有自理能力的人类个体经过深思熟虑的结果，还是自然的产物或者仅仅是一种巧合。鉴于许多证据表明我们的行为有时完全不受意识的控制，如何对自由和自主权给出合适的定义仍需商榷。

本章的一些讨论让上述问题变得复杂化了，但这可以让我们理解一些更简洁的要点。需要解决的最深层的问题在于，人

---

① 见 Richard Thaler, *Misbehaving*（2015）。另一清晰的讨论见 George Akerlof and Robert Shiller, *Phishing For Phools*（2015）。

们尤其在意动因。人们可能会留恋控制，甚至通过把权利让渡给其他人来最终实施控制。对行为科学而言，无论怎么说，只要允许人们以其自主的方式行事，都可以继续维持人们自由选择的可能性（即便是口头上的）。助推可以精准地做到这一点。从这个角度来讲，区分教育型干预和非教育型干预意义巨大。然而，政策制定者会如何选择它们呢？

目标和计划

本书的主要目标就是回答上述问题。我对人类究竟在想些什么具有浓厚的兴趣，本书前半部分对此进行了探索。我亦对解决一些潜在的规范性问题具有兴趣，本书后半部分讨论了这一论题。

同最初的构想一致，我认为系统 2 助推具有明显的优势，因为它使人们能够在不依赖任何社会计划者或选择框架设计者的前提下去改善自己的生活。但我也要为系统 1 助推作出辩护。正如我们所见，从福利和自主权的角度而言，系统 1 助推通常是最佳选择，因为人们是繁忙的，他们能够将他们稀缺的时间和注意力投入到他们最关切的需求中去。一个好的默认规则，或者一个有用的框架形式，能够在提升人类福祉的同时，提高他们的自治水平。需要着重强调自主权的观点，因为如沃尔德伦所言，如果我们关心自主权，那么很自然地，教育型助推应该受到欢迎。但直觉可能是十分错误的。最后，我将站在非教育型助推的角度提出一系列观点。

第二章是关于人们通常如何评价助推的概述。基本的发现比较简单，即在不同的国家和地区，至少当人们拥有合理的动机，且他们的兴趣和价值与他们的目标人群之间并无明显冲突时，人们既接受教育型助推，也接受非教育型助推。我们将会看到，人们并没有明显的喜爱某种助推而抗拒另外一种助推的系统性倾向。人们对助推的评判往往主要来自他们需要或者能够得到什么，而并非他们是否接受教育。这些证据来自许多国家和地区，不仅包括美国、加拿大和一些欧洲国家，而且包括中国、俄罗斯、韩国、南非和巴西。

第三章是本书的核心。我研究了这样一个问题，即当人们必须从两种助推中作出选择时，他们会如何行动？这里的基本结论比较复杂。普遍来说，较之系统 1 助推，大部分人更喜欢系统 2 助推，但对于大部分人来说，最终的评判标准是哪种助推更为有效。如果人们被告知系统 1 助推更为有效，大部分人会选择系统1助推。同时，很多人关心个人动因，他们会偏向于教育型助推，除非他们有足够强烈的理由相信非教育型助推具有更高的有效性。另一个有趣的发现是，当人们认为某种行为是错误的或者有害的，并迫切地想要改变该种行为时，他们更容易选择非教育型助推。相反地，如果他们并不确定潜在的行为是不是错误或有害的，或者是否应该改变这种行为时，他们会更愿意选择教育型助推。

第四章讨论了一些规范性问题：应选择何种助推？在考虑了福利、自治以及尊严等相关问题之后，我认为这个问题无法得出简单的答案。就福利而言，我们应考虑成本与收益。有时系统1助推的净收益远高于费时费力的系统2助推。例如，有时提供信息毫无帮助可言，因为人们会直接忽略它。但有时就福利角度而言，系统2助推更受欢迎。当情况比较复杂，同时参与人具有多样的偏好和价值取向时，又或者选择框架设计者缺乏相关信息或良好的激励时，系统2助推似乎表现得更好。

就自主权而言，系统2助推受到推崇，因为系统2助推增加了人们的自助能力。但我们已经看到，在自主权方面，非教育型助推通常具有最好的表现。因为非教育型助推能够通过节省人类最宝贵的商品——时间，在提升自主权的同时提高福利

水平。简要地说，关于系统 1 助推，人脑中的系统 2 比系统 1
展现出了更大的热情。

第五章尝试从新的角度解释家长制管理的老问题。当人们
拒绝选择的权利时，我们必须使用家长制管理。但当某种制度
要求人们作出选择时，该制度也可能在进行家长制管理，起码
在那些人们不想作出选择的时候。事实上，我们并不是时时都
想作出选择，通常我们只想对那些我们最关心的问题进行选择
（例如选择去哪里生活、选择爱人、选择工作、选择宗教信仰），
但对于许许多多的我们并无强烈信念或需要一点帮助的事情，
进行选择就不那么具有吸引力了。这证明了以默认设置形式出
现的非教育型助推能够使人们将有限的时间和精力放在他们最
想要关心的地方。

很显然，教育型助推具有重要的、不可替代的地位，并且
在某些领域，教育型助推毫无疑问是最好的手段。但如果这种
助推只是强迫人们进行选择的一种手段，可能会观察到有时人
们并不想进行选择，是家长制管理迫使他们作出了选择。生命
可能很长，但时间宝贵。呼吁使用非教育型助推可能稍显草率，
但本书正是此意。

参考文献

Agarwal, Sumit, Souphala Chomsisengphet, Neale Mahoney, and Johannes Stroebel. 2014. Regulating Consumer Financial Products: Evidence from Credit Cards (unpublished manuscript). Aug 2014. http://papers. ssrn. com/sol3/papers. cfm? abstract _ id2330942 [https://perma. cc/6CTP-AYTP].

Ambuehl, Sandro, B. Douglas Bernheim, and Annamaria Lusardi. 2014. The Effect of Financial Education on the Quality of Decision Making, 5 - 6. Working Paper No. 20618, National Bureau of Economic Research. http://www. nber. org/papers/w20618[https://perma. cc/H8YC-DQF5].

Breman, Anna. 2011. Give More Tomorrow: Two Field Experiments on Altruism and Intertemporal Choice. *Journal of Public Economics* 95: 1349.

Camerer, Colin et al. 2005. Neuroeconomics: How Neuroscience can Inform Economics. *Journal of Economic Literature* 43 (1): 17.

Campbell, John Y. 2016. Restoring Rational Choice: The Challenge of Consumer Financial Regulation. *American Economic Review* 1: 106.

Chen, Daniel L., Tobias J. Moskowitz, and Kelly Shue. 2016. Decision-Making Under the Gambler's Fallacy: Evidence from Asylum Judges, Loan Officers, and Baseball Umpires, 12 - 26, Jan 12, 2016, (unpublished manuscript). http://papers. ssrn. com/sol3/papers. cfm? abstract_id2538147 [https://perma. cc/W8H2-STE2].

Chetty, Raj. 2015. Behavioral Economics and Public Policy: A Pragmatic Perspective. *American Economic Review* 1: 105.

Chetty, Raj, John N. Friedman, Søren Leth-Petersen, Torben Nielsen, and Tore Olsen. 2012. Active vs. Passive Decisions and Crowdout in Retirement Savings Accounts: Evidence from Denmark, 40 - 43. Working Paper No. 18565, National Bureau of Economic Research. http://www. nber. org/papers/w18565 [https://perma. cc/9TDQ-Y63Z].

Dayan, Eran, and Maya Bar-Hillel. 2011. Nudge to Nobesity Ⅱ: Menu Positions Influence Food Orders. *Judgment & Decision Making* 333 (6): 333.

Feenberg, Daniel R., Ina Ganguli, Patrick Gaule, and Jonathan Gruber. 2015. It's Good To Be First: Order Bias in Reading and Citing NBER Working Papers. Working Paper No. 21141, Bureau of Economic Research. http://www. nber. org/papers/w21141[https://perma. cc/K2XU-WY5K].

Gigerenzer, Gerd. 2015. *Simply Rational: Decision Making in the Real World*. Oxford: Oxford University Press.

Gigerenzer, Gerd, Peter M. Todd, and ABC Research Group. 1999. *Simple Heuristics that Make Us Smart*. New York: Oxford University Press.

Halpern, David. 2014. *Inside the Nudge Unit: How Small Changes can Make a Big Difference*. New York: Penguin Random House.

Johnson, Eric J. , Ran Hassin, Tom Baker, Allison T. Bajger, and Galen Treuer. 2013. Can Consumers Make Affordable Care Affordable? The Value of Choice Architecture. *PLOS One* 8. http://journals. plos. org/plosone/article/asset? id = 10. 1371％2Fjournal. pone. 0081521. pdf ［https://perma. cc/WPX4-2QS8］.

Jolls，Christine. 2013. Product Warnings，Debiasing，and Free Speech: The Case of Tobacco Regulation. *Journal of Institutional and Theoretical Economics* 169: 53.

Kahneman，Daniel. 2011. *Thinking，Fast and Slow*. New York: Farrar，Straus and Giroux.

Kahneman，Daniel，and Gary Klein. 2009. Conditions for Intuitive Expertise: A Failure to Disagree. *American Psychologist* 64 (6): 515.

Kahneman，Daniel，and Shane Frederick. 2002. Representativeness Revisited: Attribute Substitution in Intuitive Judgment. In *Heuristics and Biases: The Psychology of Intuitive Judgment*，ed. Thomas Gilovich et al. ，49 - 51. Cambridge: Cambridge University Press.

Kelman，Mark. 2011. *The Heuristics Debate*. Oxford: Oxford University Press.

Mitchell，Jason P.et al. 2010. Medial Prefrontal Cortex Predicts Intertemporal Choice. *Journal of Cognitive Neuroscience* 23 (1): 6.

Moles，Andrés. 2015. Nudging for Liberals. *Social Theory and Practice* 41: 644.

Phelps，Elizabeth A. ，Karolina M. Lempert and Peter Sokol-Hessner. 2014. Emotion and Decision Making: Multiple Modulatory Neural Circuits. *Annual Review of Neuroscience* 37: 263 - 282.

Schuldt，Jonathon P. 2013. Does Green Mean Healthy? Nutrition Label Color Affects Perceptions of Healthfulness. *Health Communication* 28：814 – 821. http：//perma. law. harvard. edu/0TdZQj6CXFG.

Sharot，Tali. 2011. *The Optimism Bias：A Tour of the Irrationally Positive Brain*. New York：Pantheon.

Sunstein，Cass R. 2013. *Simpler：The Future of Government*. New York：Simon &. Schuster.

Thaler，Richard H. 2015. *Misbehaving：The Making of Behavioral Economics*. New York：W. W. Norton.

Thaler，Richard H.，and Cass R. Sunstein. 2008. *Nudge：Improving Decisions About Health，Wealth，And Happiness*. New Haven，CT：Yale University Press.

Ullmann-Margalit，Edna，and Cass R. Sunstein. 1999. Second-Order Decisions. *Ethics* 110：5.

Waldron，Jeremy. 2014. *It's All for Your Own Good*. New York Review Books. Oct 9. http：//www. nybooks. com/articles/archives/2014/oct/09/cass-sun-stein-its-all-your-own-good ［https：//perma. cc/4MXL-ZYN2］.

第二章 人们（通常）喜爱助推

近几年有关"助推"的伦理学讨论越来越多，"助推"被认为是在能够最大程度保留人们选择自由的同时向某个特定方向引导人们的手段。尽管来自个人观点的证据并不能解决该伦理问题，但在民主社会（可能也包括某些非民主社会），这些观点不可避免地影响了政府的决策方向。现有的证据，包括几个国家的代表性调查，支持以下两个观点：第一，助推获得了广泛的支持，至少在最近，民主社会已经采取并日渐重视助推这一手段。更重要的是，这种支持跨越了党派的界限。第二，如果助推引导人们走向与他们的利益和价值取向不同的方向，那么此助推不会获得广泛的支持。

人们怎样看待助推？最简单的回答是，在多个国家，大部分群体赞成助推。他们喜欢教育型助推，也喜欢非教育型助推，对两种助推都支持（下文将提到一些重要的评判标准）。

许多国家的调查结果支持这一观点。也许这使人惊奇，但是同样的结果也出现在美国、加拿大、澳大利亚、英国、德国、丹麦、法国、意大利、加拿大和匈牙利。重要的是，国家之间也存在差异。例如，丹麦和匈牙利（包括日本）对助推有较低的接受度；在欧洲，意大利的接受程度最高；从世界范围来看，目前接受程度最高的国家是中国和韩国。但在许多国家，基本的故事是具有连续性的。我们必须特别指出一些民主国家的一致性，考虑到一些明显的评判标准，在一些非民主国家也能发现相似的模式。

我的绝大部分讨论都集中在美国，这是由于我有大量的美国数据，也由于解释美国人如何作出选择的原则同样也适用于其他许多国家的人民（特别是欧洲）。我们将会看到，美国人对最近几年由某些机构进行了谨慎研讨和推行运作的一些助推计划表现出了极大的支持。这种支持跨越了党派的界限，它使民主党人、共和党人和其他无党派人士统一了起来。只要人们认为结果是合理且重要的，他们就愿意按照助推引导的方向前进。

这是一个重要发现，对政策制定者而言犹如绿灯，因为这表明大部分人并不认为助推是某种操纵，或者是对自主权的惹人生厌的干扰。（我们也会发现一少部分黄灯或者红灯的情况。）

事实上，在大部分调查中，我们并没有发现是系统 1 助推还是系统 2 助推获得了更多的支持。评判标准并不在于它属于哪类助推，而是在于该助推属于什么领域以及向何种方向指引人们。具有启发作用的是，美国人对委托治理和禁令更为消极，尽管有时它们能够带来相当合理的结果。许多人非常关心选择的自由，以至于会拒绝一些虽有良好动机但却干扰了这种自由的方案。由此可见，人们对委托治理和禁令本身持有高度怀疑的态度，而对于助推，重要的是这些工具能够做什么，而不仅仅是使用它们。

不管是教育型助推还是非教育型助推，当这些手段（1）产生了他们认为不正当的结果；或（2）被预见到和大部分选择者的利益和价值取向不同时，人们通常会反对这些助推。第三种反对意见通常来自对某些默认规则的反抗，人们不想要选择框架设计师利用他们的惰性或疏忽给他们造成经济上或其他方面的损失。我们将会看到，这是人们拒绝某些特定助推的三个主要原因。当助推促进合理的结果，并与人们的利益与价值取向相符，且不会产生损失时，绝大部分人会很愿意支持它们。

公众是有原则的吗?

我设计了一项国家代表性调查，其中包括了多项助推，准确来说，共有 34 项。调查由艾斯艾国际市场调查公司（Survey Sampling International）进行，样本包括 563 个美国人，边际误差为正负 4.1 个百分点。

调查结果清晰地显示，包括默认规则、警示和公共教育改革等的系统 1 助推和系统 2 助推获得了美国跨党派的支持，除非人们不赞成助推的结果或人们认为助推的方向与选择者的利益和价值取向不一致。值得注意的是，其中接受测试的某些政策带有明显的偏向性和很高的操纵性。然而，它们同样获得了广泛的支持，唯一的例外（高度异常）是潜意识广告（让人感到惊奇的是，禁烟或者禁止暴食的抗争获得了相当少的支持）。由此可见，美国人不愿意把助推看作是不可接受的操纵而拒绝助推。他们的评判标准主要是他们对潜在结果合理性的评估。

如我们所见，党派有时会影响支持程度，因为民主党人比共和党人更愿意在某些特定的健康或安全问题上使用助推。（正如我强调的那样，很容易分辨民主党人相比共和党人更喜好哪种助推。）当某些问题引起了强烈的党派分歧时，这种分歧同样也会影响助推。但广泛地说，显然大部分民主党人和共和党人（包括无党派人士）就他们支持和反对什么达成了共识。

受欢迎的助推

2005—2016 年间，美国联邦政府推行了一系列助推计划。其中，三个最著名的助推包括：（1）在连锁餐厅强制使用卡路里标签；（2）在香烟外包装上强制使用图形化警示（被联邦上诉法院驳回[①]）；（3）自动加入储蓄计划，可以选择退出。我们可以将第一个视为系统 2 助推，因为它具有教育性；第二和第三个更自然地被归类为系统 1 助推。国家代表性样本显示，大部分人支持这三项计划，其中包括了对第三项计划的支持，不管它是联邦政府"鼓励"的自动参与计划，还是强加于大型雇主身上的、联邦政府托管下的自动参与计划。

大约有 87% 的美国人支持卡路里标签计划，大约有 74% 的

---

① 见 R. J. Reynolds Tobacco Co. v. U. S. Food & Drug Admin, 823 F. Supp. 2d 36，47（D. D. C 2011），aff'd，696 F. 3d 1205（D. C. Cir. 2012）。

美国人支持图形化警示计划，这两项计划都获得了民主党人、共和党人和无党派人士的支持。总体上，80％的代表性样本支持鼓励加入储蓄计划，71％的代表性样本支持托管加入储蓄计划。同样地，三类群体对这一计划表示了广泛的支持（见表2-1）。

表 2-1　美国人对待四项重要助推的态度（％）

	卡路里标签	图形化警示（香烟）	联邦鼓励：自动参与	联邦托管：自动参与
总支持率	87/13	74/26	80/20	71/29
民主党人支持率	92/8	77/23	88/12	78/22
无党派人士支持率	88/12	74/26	75/25	67/33
共和党人支持率	77/23	68/32	73/27	62/38

三种教育型的改革（经典的系统2助推）获得了广泛的支持。绝大部分被试都支持联邦政府关于减少儿童超重的公共教育改革（82％的支持率，在民主党人、共和党人和无党派人士中都获得了强烈支持）。同样地，他们强烈支持联邦政府精心设计的利用形象的故事和图像打击分心驾驶的计划（85％的支持率）。大约有75％的被试支持联邦政府关于消除性别歧视的教育改革，尽管这项计划在不同党派之间产生了明显的分歧（85％的民主党人支持率、57％的共和党人支持率以及75％的无党派人士支持率）。

　　另外三种教育型改革也获得了支持，但具有明显较低的支持水平，且只有小部分共和党人支持这些计划。大约有53％的美国人支持在电影放映前播放戒烟以及避免暴饮暴食的公共教育信息。民主党人比共和党人有更高的支持率（61％比41％，无党派人士的支持率为51％）。有半数参与者（52％）支持联邦政府鼓励人们向美国动物福利协会（一个虚构的机构）捐款的公共教育计划（59％的民主党人、34％的共和党人和55％的无党派人士，党派因素统计上显著）。最后一个发现似乎有些令人吃惊，很难预测到被试想让他们的政府制定一个鼓励人们向动物福利协会捐款的计划。

　　大约有57％的被试支持联邦政府抵制肥胖的激进公共教育计划。这一计划展示了超重儿童如何挣扎着进行体育运动，同样也展示了对超重成年人的采访，被试的回应通常是："我人生最大的遗憾是没能控制我的体重"以及"对我而言，超重是可怕的折磨"。这个问题是为了测试人们对具有明显倾向性以及明显操纵性的活动会作出何种反应，我们预期这种活动可能会引起广泛的反对，但事实上并没有。实际上，设计这种问题的重要目标就是引起类似的反感情绪，但在这里并没有发现此种情绪。在民主党人（61％的支持率）、无党派人士（60％的支持率）和共和党人（仅 47％的支持率）之间产生了明显的分歧。民主党人与共和党人的差异是统计上显著的（由于存在四舍五入，这里和其他地方出现的百分比之和可能并不等于 100％）（见表 2 - 2）。

表 2 - 2　美国人对五项教育型助推的态度（％）

	儿童肥胖	分心驾驶	性别歧视	影院广告	动物福利协会	肥胖（明显操纵性）
总支持率	82/18	85/15	75/25	53/47	52/48	57/43
民主党人支持率	90/11	88/12	85/15	61/39	59/41	61/40
无党派人士支持率	81/19	84/16	75/25	51/49	55/45	60/40
共和党人支持率	70/30	80/20	57/43	41/59	34/66	47/53

大部分美国人也认同选择设计师为提升公共卫生和环境保护水平而作出的多种努力。在最近几年，有大量关于设置食物"信号灯"系统的讨论，即利用人们熟悉的红、黄、绿三种颜色标识来表示食物的健康等级。[1] 在这个范围内，我们可以将其视为系统 2 助推，因为它以简单的形式提供了信息。在美国，政府并未官方地表现出对这些举措的兴趣，但参与调查的被试对这一想法表现出了强烈的支持（64％）。

---

[1]　见 Anne Thorndike et al.，Traffic Lights and Choice Architecture，46 *American Journal of Preventive Medicine* 143（2014）（Thorndike 2014）。

自动选择绿色能源供应商并允许自主退出的想法也获得了
广泛的支持。也许十分令人惊奇是，无论是政府"鼓励"自动
加入绿色能源计划（72％的支持率），还是政府委托大型电力提
供商提供能源计划（67％的支持率），都获得了支持。在这个例
子中，虽然党派之间具有显著的差异性，但大多数的民主党人、
共和党人和无党派人士都表示支持。

大部分被试支持要求公司披露所售食品是否含有转基因成
分（GMOs）的相关信息，这属于系统 2 助推（86％的支持
率）。与之相仿，很大一部分被试（73％）支持在高盐食品上添
加明显具有警告性的标识，例如"此种产品含有较高盐分，可
能有害健康"。或许令人惊奇的是，大部分被试（但并不是大多
数民主党人）支持州政府要求果蔬商店把最健康的食品放在显
著位置，这属于系统 1 助推（56％的总支持率，63％来自民主
党人，43％来自共和党人，57％来自无党派人士）。被试同样赞
成，当人们拿到驾照时，必须表示是否想成为器官捐献者
（70％的总支持率，75％来自民主党人，62％来自共和党人，
69％来自无党派人士）。所有这些方案在民主党人和共和党人之
间都具有显著的差异。

其他五种形式的选择框架大部分可以被认为是系统 1 助推，

起初被认为可能会存在较大的争议，然而却获得了广泛的支持。第一种是将现任当选人的名字列在选票的第一位。起初我们设想这种支持在职者的助推机制会遭到广泛的反对，因为被试可能不愿意投票进程向支持在职者倾斜，同样也因为不论何种候选名单顺序都可能被视为操纵竞选进程（事实上确实如此）。但是这一做法获得了过半的支持（53％），也许是因为大部分人认为这样可以使得选单更为明晰，抑或是人们并没有意识到选单顺序可能带来的偏误风险。

过半的人（53％）也支持在俄勒冈和加州实行的，自动将符合条件的公民注册为选民，并可以自由退出的方案。有趣的是，大部分共和党人（61％）拒绝这一方案。一个可能的原因是，他们认为那些不愿花时间进行选民注册的人不应该被算作选民。另一个原因是，他们认为俄勒冈的方案可能会支持民主党。还有一个原因是，他们认为这可能会增加舞弊的风险。

另一个方案也获得了过半的支持（58％），即婚后女子的姓氏会自动更改为夫姓，并允许她们自由选择不更改。这个方案获得了大部分民主党人、共和党人和无党派人士的支持。这一结果值得注意，因为这一方案很可能被认为是某种形式的性别歧视，即便它符合行为和偏好。① 我们可能认为在此问题上男性和女性会存在差异，但二者中均有 58% 的人支持这一方案。

第四个方案也获得了广泛的支持，该方案是联邦政府要求那些反复违反国家劳动法（例如职业安全法或者禁止歧视）的公司须在产品上进行标注。大约有 60% 的被试支持该项系统 2 助推，但民主党人（67% 的支持率）和共和党人（50% 的支持率）之间存在明显差异。

另一个要求在来自最近窝藏恐怖分子的国家的产品上进行标注的方案也获得了广泛的支持。这一方案获得了 54% 的支持率，其中民主党人支持率为 56%，共和党人支持率为 58%，无党派人士支持率为 49%（见表 2-3 和表 2-4）。

表 2-3　美国人对于环境和公共卫生助推的态度（%）

	GMO标签	含盐标签	健康食品摆放	信号灯	器官捐献选择	鼓励：绿色能源	托管：绿色能源
总支持率	86/14	73/27	56/44	64/36	70/30	72/28	67/33
民主党人支持率	89/11	79/21	63/37	71/29	75/25	82/18	79/21
无党派人士支持率	87/13	72/28	57/43	61/39	69/31	66/34	63/37
共和党人支持率	80/20	61/39	43/57	57/43	62/38	61/39	51/49

① 见 *Craig v. Boren*，429 U.S. 190，200-204（1978）。

表 2-4 美国人对一些可能具有潜在煽动性的助推的态度（%）

	在职者居首	自动选民注册	冠夫姓	强制标注：违反劳动法	强制标注：窝藏恐怖分子
总支持率	53/47	53/47	58/42	60/40	54/46
民主党人支持率	58/42	63/37	61/40	67/33	56/44
无党派人士支持率	51/49	50/50	56/44	57/43	49/51
共和党人支持率	47/53	39/61	57/43	50/50	58/42

不受欢迎的助推

相反地，有 12 项助推遭到了反对。7 项是以默认规则形式出现的非教育型助推，这其中的两项不仅仅是为了获得较少的支持，而且是为了引起较高的反对而设计的，出于这个目的，它们违背了广泛坚持的中立原则，并且具有不正当的动机。大多数人正是按照所设计的那样看待这些助推的。

第一项是某个州假定本州人民愿意注册为民主党，如果他们明确指出愿意加入共和党或无党派则可以自由退出。当然这一默认规则引起了政治进程的倾斜（由于这一原因，此规则显然违宪）。^①这条法案遭到绝大多数被试的反对，其中包括四分之三的民主党人士（26％的总支持率；民主党人支持率为32％，共和党人支持率为16％，无党派人士支持率为26％；民主党人和共和党人之间存在统计上的显著差异）。第二项是州法案出于统计调查的目的，假定全部居民都为基督教徒，除非额外声明。这项默认规则也被认为是向特定方向推进宗教倾向的尝试（同样也是违宪的）。^②这项法案同样也遭到普遍反对（21％的总支持率；民主党人支持率为22％，共和党人支持率为27％，无党派人士支持率为17％）。

第三项不受欢迎的默认规则（同违宪的助推相比）是州法案假定丈夫会在婚后自动从妻姓，并允许自动退出（24％的总

---

① 原则上，这一问题在默认规则遵循现实时最为有趣。如果大部分人事实上是民主党人，某个城市或州在注册中假设居民为民主党人是否会遭到明确的反对？答案基本是肯定的。政治面貌应当被积极选择，而非被政府假定。这一原则基本具有宪法基础（尽管并未被测试）：如果某地区由80％的民主党选民构成，那么假定所有居民都会注册为民主党人会被拒绝。但我意识到这个简单的结论并不是一些利用"大多数原则"遵循大多数人的利益和价值取向的默认规则的合适答案。更详细的讨论见 Cass R. Sunstein, *Choosing Not To Choose*，77（2015a）（Sunstein 2015a）。

② 如果默认规则遵循现实，我们同样能够提出有趣的问题。如果某个城市或某个州大部分人是基督教徒，那么在人口调查中，假设大部分人口为基督教徒并允许自由更改是否合理？但就宗教而言，就像对政治一样，有一个支持政府中立的强大的社会和宪法规范。这一原则也许会反对这个符合大多数人的偏好和价值取向的默认规则。

支持率；民主党人支持率为 28％，共和党人支持率为 18％，无党派人士支持率为 23％）。令人感兴趣的是，这其中并无明显的性别差异（同那条包含和此规则正好相反的冠夫姓规则反应相同），均有 24％的男性和女性表示支持。第四项是联邦政府假定人们愿意在获得返税的同时向红十字会捐出 50 美元，当人们明确表示不愿参与此项捐款时可以选择自由退出（27％的总支持率，民主党人支持率为 30％，共和党人支持率为 20％，无党派人士支持率为 28％）。第五项与第四项完全相同，只是捐助对象换成了美国动物福利协会。同样，这个问题依然遭到强烈反对（26％的总支持率；民主党人支持率为 30％，共和党人支持率为 20％，无党派人士支持率为 25％）。令人惊讶的是，对这两个慈善团体的捐助方案获得了相同的支持率，尽管一开始假定对红十字会的捐款会更受欢迎。

第六项是州政府假设该州雇员每个月会向联合劝募会（the United Way）捐赠 20 美元，并允许自由退出。一开始认为由于州政府和该州雇员都参与了此项目，该助推的支持率会略微增长，但事实并非如此（24％的总支持率；民主党人支持率为 26％，共和党人支持率为 17％，无党派人士支持率为 25％）。第七项计划遭到了大部分人（64％）的反对，联邦政府要求航空公司向每位乘客加收一定金额的碳排放补偿（大约每张机票加收 10 美元），如果乘客明确表示拒绝可以自由退出。有趣的是，大部分民主党人（57％）反对这一方案，尽管反对此方案的共和党人比例明显更高（75％）（见表 2 - 5）。

表 2 - 5　不受欢迎的助推（％）

	注册民主党人支持率	统计为基督教徒	冠妻姓	红十字会	动物保护协会	联合劝募会	碳排放收费
总支持率	26/74	21/79	24/76	27/73	26/74	24/76	36/64
民主党人支持率	32/68	22/78	28/72	30/70	30/70	26/74	43/57
无党派人士支持率	26/74	17/83	23/77	28/72	25/75	25/75	34/66
共和党人支持率	16/84	27/73	18/82	20/80	20/80	17/83	25/75

其他五项不受欢迎的助推包含了信息披露和教育，其中四项应被看作是系统 2 助推。第一项（也是最极端的）是新任总统实行了一项公共教育行动，使人们确信对他的决策的批评是不爱国的，甚至可能危害国家安全。这一行动遭到了激烈的反对（23％的总支持率；民主党人支持率为 24％，共和党人支持率为 21％，无党派人士支持率为 22％）。这里最值得注意的并不是大部分人反对此行动，而是有超过五分之一的无党派美国人支持这个极不寻常且相当危险的公共行动。

第二项是联邦政府推行的一项劝说母亲留在家里照顾年幼

儿童的公共教育行动。超过 2/3 的被试反对此项助推（33％的总支持率；民主党人支持率为 33％，共和党人支持率为 31％，无党派人士支持率为 34％）。第三项（在这一组中唯一的系统 1 助推，如果它可以被称为助推的话）是政府要求影院播出戒烟和不鼓励暴饮暴食的潜意识广告。大部分人持反对意见（41％的总支持率；民主党人支持率为 47％，共和党人支持率为 42％，无党派人士支持率为 35％）。然而，值得注意且出乎意料的是，有超过 2/5 的人实际上赞同这个要求。

第四项是联邦政府要求所有来自社会主义国家（例如中国和古巴）的产品需要在销售时额外标明"部分或全部来自社会主义国家"。过半的被试反对这一要求（44％的总支持率；民主党人支持率为 47％，共和党人支持率为 43％，无党派人士支持率为 42％）。第五项是联邦政府告知人们变更自己的性别是可能的，不管是从男性变为女性还是从女性变成男性都是可能的，并鼓励人们去思考这种可能性，"如果这是他们想要做的事情"的话。同样，大部分人（59％）反对这项公共教育行动。这里同样让人惊奇的是，这项相当冒险的行动获得了大约 41％的参与者的支持；值得注意的是，支持率在民主党人（49％）和共和党人（29％）之间有明显差别，无党派人士的支持率居于二者之间（38%）（见表2-6）。

表2-6 不受欢迎的教育行动和披露（%）

	不爱国批判	母亲留在家	潜意识广告	强制标注：社会主义	变更性别
总支持率	23/77	33/67	41/59	44/56	41/59
民主党人支持率	24/76	33/67	47/53	47/53	49/51
无党派人士支持率	22/78	34/67	35/65	42/58	38/62
共和党人支持率	21/79	31/69	42/58	43/57	29/71

为何一些助推不受欢迎?

两个主要原因

什么使得一些助推获得了支持而一些遭到了反对？两个主要原因也许可以解释较高的反对率。第一，人们拒绝那些带有不合理目的的助推。在一个自治的社会中，诱使人们相信批判政府部门是不爱国行为的做法是非法的。尤其在美国，支持某个特定宗教或者党派的助推将遭到强烈的反对，即便人们信仰这个宗教或者属于这个党派。当然我们可以假定在某些偏爱某种宗教或者政党的国家，这种助推能够获得广泛的支持，且被认为这与妻子婚后自动冠夫姓的默认规则相似（回忆一下，这个规则获得了大部分参与者的支持）。在这样的国家中，一个支持最受欢迎的政党或者主流宗教的默认规则也许遵循了人们的偏好和价值取向，且并不与中立的治理原则相悖。

一个一般性的原则证明了这一假设：当人们认为选择框架的动机是非法的时，他们将会反对这种助推，不管它是否具有教育性。可以确定的是，这一假设并不十分出乎意料，但它指出了一个重要观点，即人们并不会反对那些所有步骤都在引导人们向所期待方向前进的默认规则或警示。[①] 相反地，我们确实看到，托管治理仅仅因为它们属于托管治理而遭到了反对。对助推的评判存在着党派上的分歧，很显然这是因为不同党派对于相关动机是否合理存在分歧。如何解决这类分歧依赖于和助推无关的评价。

第二，人们反对某些助推的理由是，这些助推与大部分选择者的利益或价值取向不一致。最直接的证据是大部分人同意结婚后妻冠夫姓的自动变更，而反对男子婚后姓氏的自动变更。其理由就是前者符合人们的利益和价值取向而后者与之相反。

---

① "党派助推偏误"这一惊人发现与这个观点高度一致。David Tannenbaum，Craig Fox & Todd Rogers, *On the Misplaced Politics of Behavioral Policy Interventions* (2014)，http://pdfs. semanticscholar. org/0418/4cd62d265d49b300b60528fb0e36692964a8. pdf (Tannenbaum et al.2014)。

请注意，我们能够轻易想象到反转这一结果的人群。假设有人相信自动认定妻子会在婚后更改为夫姓损害了性别平等，而自动认定丈夫在婚后更改为妻姓促进了性别平等。对于怀有此类信念以及致力于性别平等的人，颠覆大众的观点也许是具有吸引力的。事实上，有相当一部分人，尽管远远少于半数，确实支持丈夫婚后更改为妻子姓氏的默认规则。

当然，任何默认规则都很可能会伤害一部分人。对于那些有正当理由想要退出规则的人以及那些想要退出但却因为惰性或因为拖延未能退出的人而言，任何此类规则都是有害的。这是可能拒绝默认规则的常见原因。然而这个事实本身并不足以引起大众抨击。回想一下自动选民注册、自动加入养老金计划以及自动加入绿色能源计划，显然大部分被试都认为这符合大部分人的利益。回想一下大多数人都支持的有关抵制肥胖和性别歧视的公共教育行动。相反地，大多数人反对鼓励妇女留在家里，以及告知人们可以改变性别的公共教育行动，这是由于这些行动同人们认为的主流利益和价值观不相符。

需要确认的是，这些结果中存在一些模糊不清的地方。被试是会反对那些（a）同他们个人利益或价值取向不相符的助推，还是会反对那些（b）同大多数被试利益或价值取向不相符的助推？对于这个问题，并没有给出明确的测试结果。当被试反对某些助推时，他们或许认为此项助推与他们个人的利益和价值取向不相符，或者认为和大多数被试的利益与价值取向不相符。如果能够提出使我们在（a）与（b）之间作出选择的问题，将会非常有趣。

当人们选择是否支持某项助推时，劣势群体的规模毫无疑问是重要的。如果一项默认规则对大众有害，它不太可能具有吸引力。如果劣势群体规模很大，但并非大多数人，人们也许会拒绝默认规则，转而支持灵活选择。

默认规则不造成损失

大多数被试会接受第三项原则：人们必须在确定的损失发生前明确表达自己的意愿。这一仍需检验边界的原则阻止了国家采取某些默认规则。

当然，这一原则是否会被激发取决于任何基于权益理论产生的"损失"是否会发生。举个简单的例子，人们不会质疑小偷必须归还他们所盗窃财物的观点，大部分人也不会因为没有权利享有全部税前收入而拒绝加入某种税收体系。我们可以考虑一些更复杂的情况，例如，在社会保障体系下，收入和损失并不是很明确，而是会受到框架效应的影响，因此计算收益时需要进行相应的调整。与之相仿，大部分被试支持当人们拿到驾照时必须表明他们是否愿意成为器官捐赠者（从而支持灵活选择）的州要求，尽管大多数美国人反对支持成为器官捐赠者的默认规则。

在这个问题中，有关权益的问题并不是特别复杂。如果一个默认规则意味着人们会向某个特定的慈善组织捐款（允许主动退出），那么人们将会失去一些他们拥有的东西。事实上，绝大多数人拒绝了各种形式的自动慈善捐赠。一个潜在的担忧是，由于惰性、拖延或者疏忽，人们可能会发现即便不情愿这样做，他们也在向某个慈善机构捐款。我们也许可以用一个更为狭义的，可以被视为是一条规范的第四条原则来补充第三条原则：大多数人会拒绝向慈善组织捐款的自动捐赠计划，至少是在那些他们被公共机构操纵的情况下。

碳排放补偿的案例也可以从相似的角度理解。虽然它并没有包含一个慈善捐赠计划，并且看起来像是为防止有害行动（污染）而作出的努力，但大多数人坚持使用灵活加入计划。公众对那些未经人们同意而将钱取走的默认规则存在着怀疑，虽然我们还不知道公众对默认规则怀疑的明确边界在哪里，但毫无疑问的是，这些怀疑确实存在。

政治披露

我们已经看到，人们在针对健康和安全等问题上（含盐量和转基因成分）普遍支持系统 2 披露。同时，这一结果暴露了这样一个问题，那就是人们是否以及在何时会支持那些与产品生产相关的价值、损害以及伦理问题的强制披露，而不是仅仅支持产品本身带来的健康和环境影响的强制披露。美国人在这一问题上产生了明显的分歧。随着在国家劳动法以及恐怖主义国家问题上接连出现消极案例，此类信息披露获得了大众的支持，但来自社会主义国家相关产品的信息披露并未获得大多数人的支持。人们在要求针对某种行为进行披露之前，根据这些产品或服务提供者的行为，也许愿意对界定极坏的行为设置一个明确的门槛。在这个问题上党派分歧是可以被预期的，因为人们会在此类门槛究竟是什么以及是否达到了相关门槛上产生分歧。

操控

这一结果相当引人注意，且与数据一致，即人们对助推的反应同样也表现了第五项原则的影响：人们会拒绝那些他们认为无法接受的操控性的助推。有关潜意识广告的结果可以被认为是支持了这一原则。但是究竟什么算是无法接受的操控呢？

大多数人支持在香烟包装上加上警示标签。他们喜欢默认规则（如果同人们的价值取向和利益一致）。大多数人支持为促进健康饮食对餐厅进行强制设计。人们支持为避免分心驾驶而实施的图形化行动。在肥胖方面，大多数人同意开展某种引导性的公共教育行动，此类行动可以被合理地描述为是操控性的。没有人喜欢简单地被操控，但除了那些成为某种骗局的案例之外，并没有过多的案例表明，人们愿意把助推看作是难以接受的而拒绝助推，至少如果他们认为助推有合理的结果以及它符合大多数人的价值取向时不会。[①] 为了进一步确认，更多有价值的工作应该针对这个问题展开。毫无疑问地，我们应该设计更多能够诱发第五项原则的案例。

政策和党派

党派分歧究竟发挥了何种作用？民主党人和共和党人在一

---

① 有关操控的观点见 Cass R. Sunstein，*The Ethics of Influence*（2015b）（Sunstein 2015b）。

些特定助推目标的合法性上会产生分歧，他们同样会在某些助推是否与大多数被试的利益和价值取向一致上产生分歧。为了辨明究竟何种结果是非法的，或者为厘清利益和价值取向，在有争议的问题上明确立场是十分有必要的。由于这个原因，政治上的分歧会导致明显的意见差异。

例如，那些不同意堕胎的人群很可能会支持为减少堕胎而设计的助推，而那些并不反对堕胎的人群很可能不会支持这类助推。考虑一个要求想要堕胎的孕妇查看胎心或者超声波图的反堕胎法案的助推。我们可以相当有信心地预测民主党人会展示出比共和党人更低的支持率。我在亚马逊土耳其机器人（Amazon's mechanical Turk，AMT）上的研究证实了这一点。询问大家的问题是他们是否支持"政府要求孕妇在进行流产手术前必须查看胎儿的超声波图，倾听他们的心跳"的助推。大约有28％的民主党人支持这一想法，70％的共和党人表示了支持。（有趣的是，大约只有1/3的无党派人士支持这一想法，比例和民主党人相当。）想想告知人们可以变更性别的公共教育行动，民主党人和共和党人之间存在明显的分歧也就不足为奇了。

但是同样也存在着其他分歧。即使民主党人、共和党人以及无党派人士均支持某种激励，不同党派之间的支持率也可能有高有低。例如，政府要求果蔬商店将健康食品放在更为醒目的位置这一政策在民主党人和无党派人士中获得了比共和党人更高的支持率。（当然，很容易设计一些展示完全相反结果的助推，如引导人们向共和党人偏好的方向作出选择的助推。）即使助推的潜在结果对于不同党派来说都是偏好的，例如那些在公共卫生领域进行的助推，但仍有一部分人可能对政府助推持怀疑态度，并反对这些助推，即便他们确实接受助推的合理结果并且认为其与大部分被试的利益和价值取向一致。

一些共和党人，当然也有一部分民主党人和无党派人士，支持另一个原则：至少当政府能够避免使用助推时，一定存在着某种反对助推的假设。调查并没有提供子样本作为支持这一原则的结论性的证据，但这一原则具有可参考性。许多人拒绝香烟包装上的健康警示标志（26%），针对儿童肥胖的公共教育行动（18%），针对分心驾驶的公共教育行动（15%）和食品的信号灯系统（36%）。可以推测，反对此类助推的被试认同助推的结果是合理的且符合多数被试的利益，然而他们反对政府干预。有些证据支持这一推测。①

重要的是，任何反助推假设的力度都会因具体问题、党派

---

① Tannenbaum, Fox & Rogers, supra note.

分歧和政府角色的争议而有所不同。在某些情况下，共和党人比民主党人更容易对特定的助推产生怀疑。例如在卡路里标签和儿童肥胖行动上，两个党派之间的支持率存在着显著差异，尽管两个党派中的大多数人都支持这两项助推，但共和党人不太会对这些助推持怀疑态度。我观察到在某些案例中，共和党人对助推表现得比民主党人更加热情，比如在反堕胎助推中。这种案例是一个特定情景下的反常情况。如果这是一个高收入人群将自动获得资本利得税福利的自动加入计划，可以确信共和党人会比民主党人表现出更高的支持率。此效应有良好的证据支持。[①]

助推与托管

我们必须承认，即使托管和禁令具有合理的结果，许多人对其也持怀疑态度。换言之，人们更倾向于抵制此类强制性措施。因此，托管和禁令遭遇了助推没有遇到的反对。由于人们相当在意动因，并渴望维护它，他们会怀疑任何削弱它的行动。即使他们意识到在某些领域，强制性措施是相当合理的。

为检验这一假设，我利用亚马逊土耳其机器人（AMT）

---

① Id.

（共 309 个被试），考察了人们对三个目的完全相同，但分别采取助推或者托管形式的行动的反应。行动涉及了储蓄（3％的储蓄率）、安全教育以及有关智能设计的教育。在这些领域，被试被要求对助推（以默认规则形式出现，雇员和家长可以主动退出）和托管进行评价。如果结果是重要的评判标准，那么我们会看到二者具有相似的支持率。但如果动因是重要的评判标准，助推则会比托管有更高的支持率。

这正是我所发现的。在所有案例中，助推都远比托管受欢迎（并得到了大多数人的支持），并且在所有案例中，托管都遭到了大部分人的反对。尽管人们可以选择退出，但储蓄计划还是获得了 69％的支持率，安全教育的支持率为 77％，智能设计的支持率为 56％。但是在托管政策中，支持率戏剧性地分别跌落至 19％、43％和 24％。支持率的差异从储蓄计划中异常的 50％到智能计划中依然异常的 32％。这个证据有力地表明，动因是非常重要的评判标准。

这说明许多人反对托管，即使他们对潜在的结果表示赞成，并且支持会带来这些结果的助推。我们已经看到，美国人对于助推并没有统一的观点，他们的评判标准主要基于前文提到的几项原则。而对于托管，人们有一个统一的观点，那就是反对托管。当然，人们会支持某些形式的托管，尤其是在有可能对他人造成损害时（如有关犯罪的法律以及防止污染或有害食品的规定）。在这里我的目的并不是描绘人们可接受的托管的准确范围，而是简单表明人们如何分辨保留选择权和限制选择权的方案，以及他们如何评判动因的价值。

欧洲的助推情况

我同哥本哈根商学院的露西娅·赖施一起，在欧洲的六个不同的国家进行了相似的调查，包括：丹麦、法国、德国、匈牙利、意大利和英国。[①] 这些国家代表了不同的文化和地域，同样也代表了不同的社会经济体制和政治传统：一个北欧福利国家（丹麦）；一个市场经济体制，同样也有历史悠久的家长制管理传统的国家（德国）；一个中欧后社会主义国家（匈牙利）；两个具有不同的政治体制、问题和权力以及不同的助推实行经历的国家（法国和意大利）；以及英国，一个自 2010 年起广泛

---

① Lucia Reisch & Cass R. Sunstein, Do Europeans Like Nudges? *Judgement & Decision Making* 310 (2016). 感兴趣的读者也许需要更详细的说明文章，我在此仅提供了一些主要结论（Reisch and Sunstein, 2016）。

应用助推作为政策工具，并且对助推的优劣进行了多年讨论的国家。

为对欧洲情况进行调整以及为在这六个国家获得代表性样本，我们将项目数量减少到了 15 项。我们选取了美国调查问题中的 13 项，同时加入了最近在欧洲政策中正在进行讨论的两项额外干预：（1）要求超市停止在收银台放置糖果和（2）要求公共机构餐厅一周中有一天不烹调肉类（这项要求不仅仅是助推）。

主要结论

出乎意料的是，这六个国家数据的主要结论与美国数据的主要结论十分相近。基本原则似乎是相同的，大体上，这六个国家的 15 项助推中的 12 项获得了广泛的支持。剩下 3 项助推在这些国家中都遭到了强烈的反对。从这个角度来说，我们在这些不同的国家获得了实质性统一的结论。再次强调，简单的结论是：如果人们相信助推具有合理的结果，并认为其符合大部分人的利益和价值取向，他们极有可能会支持它。正如美国的情况一样，这一结论既适用于系统 1 助推，也适用于系统 2 助推。

其中 2 项遭到拒绝的助推违反了某项原则，显然欧洲人同美国人在这一原则上达成了共识：政府不应该在未经他们同意的情况下拿走他们的钱，即使出于良好的目的。例如慈善捐助和碳排放补偿，当默认规则违反了这一原则时，它们是难以接受的。同美国人一样，欧洲人同样拒绝带有明显操控性的助推：在影院播放旨在劝导人们停止吸烟和暴饮暴食的潜意识广告。结果见表 2－7。

表 2－7　15 项助推在六个欧洲国家的支持率（％）

		意大利	英国	法国	德国	匈牙利	丹麦
1	要求连锁餐厅添加卡路里标签	86	85	85	84	74	63
2	要求食品通过信号灯标签表明健康程度	77	86	74	79	62	52
3	鼓励消费者自动加入绿色能源提供者计划	76	65	61	69	72	63
4	法律要求拿到驾照时积极选择是否成为器官捐献者	72	71	62	49	54	62
5	法律要求在大型果蔬商店支持健康食品选择框架设计	78	74	85	63	59	48
6	利用逼真的图画进行分心驾驶的公共教育	87	88	86	82	76	81
7	为抵制儿童肥胖对家长进行的推广健康食品公共教育	89	88	89	90	82	82

续表

		意大利	英国	法国	德国	匈牙利	丹麦
8	在影院播放戒烟和对抗暴饮暴食的潜意识广告	54	49	40	42	37	25
9	要求航空公司额外收取旅客碳排放补偿款	40	46	34	43	18	35
10	要求标明高盐食品警示	83	88	90	73	69	69
11	默认公民获得返税时向红十字会捐款 50 欧元	48	25	29	23	37	14
12	要求影院播放抵制烟草和暴饮暴食的信息	77	67	66	63	40	35
13	要求能源提供商默认提供绿色能源	74	65	57	67	65	55
14	要求超市收银台不放置糖果	54	82	75	69	44	57
15	要求公共机构餐厅一周有一天不烹调肉类	72	52	62	55	46	30

注：总支持率的百分比；未经加权。

相当明显的是，在这六个国家中，英国和意大利明显倾向于支持被测试的助推。在意大利只有一项助推（N14：超市收银台不放置糖果）获得了较其他大部分国家更少的支持。相似地，英国在 15 项助推中有 11 项都具有最高级别的支持率（法国和德国则无法获得清晰的排名）。值得注意的是，意大利并没有家长制管理的传统，且近期也并无此类政策。英国则可能是因为拥有较多利用行为科学的经历，从而影响了公众观点。

区别与（更大的故事）连续性

这里的基本故事是：在欧洲内部以及欧洲人同美国人之间基本达成了共识，但若我们深度挖掘，会发现一些我们没有预料到的区别以及一些更为令人惊奇的相似。也许最重要的是，匈牙利和丹麦普遍来说并不是很支持助推。但这并不是说，教育型助推或非教育型助推给两国居民带来了特别的困扰。相反地，多种形式的助推导致支持率下降了大约10％。为什么会这样？答案可能是由于公众对公共机构的某些评判，或者是由于人类动因的问题。

匈牙利的结果并不让人困惑。这个国家的国民普遍存在着对公共机构的严重怀疑，对公共机构的信任度长期低于经济合作与发展组织（OECD）国家的平均值。匈牙利人通常会质疑和害怕政府。同时，匈牙利（在我们的子样本中）具有最高的腐败指数。另外，该国的国家竞选参与程度也低于OECD国家平均值。匈牙利的结果也表现了一国国内有关助推的差异：通常不太信任政府的人民更不容易接受助推，即便他们认同助推可能带来的结果。部分美国数据的结果亦可如此解释。例如，尽管共和党人并不反对针对健康和安全的助推，但一小部分具有自由主义倾向的人存在类似的怀疑。[①] 匈牙利人显然属于此类。

对于丹麦的调查结果，则比较难以解释。这个国家并不存在对政府不信任的情况，而且对家长制管理也不存在坚决的反对。在所有 OECD 国家中，丹麦具有最高的政府信任水平。尽管在社区以及区域水平上政治信任度一直较高，但是在国家和政府层面的政治信任水平在调查前的一段时期正在下降。一些有争议的健康干预措施（包括对含有大量饱和脂肪酸的食品征税）也许促成了这一结果。

然而，值得注意的是，在欧洲，这一调查并未表现出明显的党派差异。一个最令人惊奇的重要发现是：所属政党与是否支持被测试的助推之间没有任何系统性关联。然而在国家内部存在着一些弱相关和总体性模式：（1）在法国，绿党和左翼支持者更倾向于支持相关的助推；（2）在英国，支持民粹主义党的人更容易对信息类助推产生怀疑；（3）在所有国家，欧洲的自由主义者更倾向于拒绝健康类助推；（4）在所有国家，绿党更倾向于赞成环境保护类助推（并不出乎意料）。但考虑到我们

---

① 见 Janice Jung and Barbara A. Mellers, American Attitudes Toward Nudges, 11 *Judgement & Decision Making* 62 – 74 （2016）。

对政治倾向的粗略测量（基于最近一次投票结果）以及欧洲政党的集中化倾向，我们应该相当谨慎地看待这些结果。

考虑人口统计特征的差异，似乎只有一个特征与人们对被测试助推的态度有关：性别。女性比男性更倾向于支持助推，法国和丹麦的性别差异则不那么明显（但依然显著）。然而，其他人口统计特征并不存在显著相关性。结果再次表明，政府想通过助推实现什么目的决定了人们对这项助推的支持率，并且正如丹麦和匈牙利的结果所示，国家间的差异也十分重要。

美国和欧洲以外地区的助推情况

为了进一步拓宽研究范围，赖施和我在其他多个国家也收集了数据，包括：加拿大、澳大利亚、巴西、南非、日本、韩国、中国和俄罗斯。毫不意外地，加拿大和澳大利亚的结果很像美国、德国、英国、意大利和法国，与它们有着非常相似的模式。（一个让人困惑的例外是，52％的加拿大人支持潜意识广告。）巴西的结果也非常相似，但有两个重要的例外：66％的巴西人赞同向红十字会的默认捐款；66％的巴西人支持潜意识广告。南非和巴西较为接近，同样也在这两项上出现了异常

（50％的红十字捐款支持率，61％的潜意识广告支持率）。

总体上俄罗斯的情况同巴西和南非相仿，但是并未出现这两项异常，同时无糖收银台计划和一周一天无肉日计划获得了明显较低的支持率（分别为55％和49％）。相反地，日本同丹麦和匈牙利的情况较为相似，都具有较低的助推支持率，其中包括了大部分人反对分心驾驶行动（但在其他方面，同样具有相似的基本模式）。

中国对于所有被测试的助推都表现出了相当可观的高支持率（15条助推中的10条都获得了超过90％的支持率）。与中国类似，韩国表现出了对被测试的助推相当可观的高支持率。事实上，在韩国所有15项助推都获得了绝大部分人的支持（包括潜意识广告和红十字会默认捐赠），支持率普遍超过80％甚至90％（潜意识广告获得了75％的支持率，向红十字默认捐赠的支持率为62％，而在中国二者的支持率分别为90％和83％）。

有关国家差异有诸多值得讨论的地方，但这将令我离题太远。除去这些差异，最重要的故事是持续性。根据某些标准，在民主国家之间，对于支持何种助推或不支持某种助推（可能性略低）存在着某些共同点。两者之间最重要的区别取决于可识别的原则，包括潜在的结果是否合理以及是否与选择者的利益和价值取向一致。

参考文献

Reisch，Lucia，and Cass R. Sunstein. 2016. Do Europeans Like Nudges? *Judgment & Decision Making* 11：310.

Sunstein，Cass R. 2015a. *Choosing Not To Choose*. New York：Oxford University Press.

Sunstein，Cass R. 2015b. *The Ethics of Influence*. New York：Cambridge University Press.

Tannenbaum，David，Craig Fox and Todd Rogers. 2014. *On the Misplaced Politics of Behavioral Policy Interventions*. https：//pdfs. semanticscholar. org/0418/4cd62d2 65d49b300b60528fb0e36692964a8. pdf.

Thorndike，Anne，et al. 2014. Traffic-Light Labels and Choice Architecture. *American Journal of Preventive Medicine* 46：143 - 149.

第三章　人们（在某种程度上）偏好教育型助推

　　在以自动反应过程为目标或者受益于自动反应过程的非教育型（系统1）助推和以深思熟虑为目标或受益于深思熟虑过程的教育型（系统2）助推之间存在着许多未被探明的区别。图形化警示和默认规则属于系统1助推。统计信息和事实披露属于系统2助推。从哲学的角度看，系统2助推更吸引人，因为这种助推表现出了对个体尊严的尊重，并且提升了个人动因。在美国进行的全国代表性调查表明，在重要的情境下，大部分人确实偏好系统2助推。然而，这种偏好并不稳定。

　　第二章中一个值得注意的发现是，教育型助推并没有比非教育型助推获得更高的支持率，反之亦然。针对这个核心论题，我们得到了一个有趣的无用结果：人们评判助推的标准并不是它们属于系统 1 还是系统 2。无疑有一些人可能在乎此差异，但这远不是他们进行判断的主要驱动力。但是当被试被明确要求在二者之间进行选择时，结果将如何呢？

为了回答这一问题，我设计了一个能够在特定环境下诱发被试偏好的全国代表性调查。① 艾斯艾国际市场调查公司实施了此项有偿调查，共调查了超过 2 800 个美国人。我同样也在亚马逊土耳其机器人上进行了一系列明确的调查②，但我的研

---

① 有关此问题，还有另外三个设计不同的研究。见 Gidon Felsen, Noah Castelo & Peter B. Reiner, Decisional Enhancement and Autonomy: Public Attitudes Toward Overt and Covert Nudges, 8 *Judgement & Decision Making* 202（2013）（考察人们在不同雇佣前景下的态度，并发现人们对系统 2 助推有普遍较高的支持率）；J. Y. Yung & Barbara Mellers, American Attitudes towards Nudges, 11 *Judgement & Decision Making* 62（2016）（发现在限定范围内，人们更喜欢系统 2 助推）；Ayala Arad & Ariel Rubinstein, The People's Perspective on Libertarian Paternalistic Policies（July 2015）（未发表），http://www.tau.ac.il/~aradayal/LP.pdf［http://perma.cc/C95Y-MKLD］（发现针对系统 1 助推的"阻抗"证据，以及偏好系统 2 助推的倾向）。本章中的结论与这些论文中的结论具有相容性。同时，目前的调查（据我所知）是第一个要求被试在一系列系统 1 助推和系统 2 助推中作出直接选择的研究（尽管 Arad 和 Rubinstein 的研究确实询问了几个提供了此类证据的问题）。(Felsen et al. 2013；Yung and Mellers 2016；Arad and Rubinstein 2015)。

② 正如文中所述，亚马逊土耳其机器人上的样本并不具有全国代表性。为详细讨论，见 Conner Hoff and Dustin Tingley, Who Are These People? Evaluating the Demographic Characteristics and Political Preference of MTurk Survey Respondents, Research and Politics, July-Sept. 2015, at 1. 注意到在我的调查中，当询问相同问题时，亚马逊土耳其机器人上的结果同全国代表性样本的结果非常相近（Huff and Tingley 2015）。

究重点是全国代表性调查。简单来说，被试被分为七组，每组超过 400 人。他们需要指出其在两类助推之间的偏好。被试需要在包括了默认规则和图形化警示的系统 1 助推，以及包括了某些教育形式的系统 2 助推之间作出抉择。

核心问题是：人们在面对两类相同目的的助推时会倾向于教育型助推还是非教育型助推？我对四个通常利用助推作为政策工具的领域进行了比较：储蓄、吸烟、清洁能源和节约水资源。在很多方面，这几对进行比较的问题可以被看作是标准的以及具有说服力的，因为它们在很多领域都造成了矛盾。在这里进行讨论的另三对助推属于某些引起了特殊问题和高度担忧的领域：选民注册、儿童肥胖和堕胎。[①]

对我提出的所谓四类标准问题，这里有四个主要发现：

（1）第一个，也是最基本的发现是：在被试不了解任何关于系统 1 助推和系统 2 助推的有效性的中性条件下，所有组中

---

① 注意到，当人们被询问一些有关政治的抽象问题时，他们并不会意识到这些政策会作用于"你"而将其个人化。这里存在有趣的证据表明，当人们意识到一个有争议的家长制管理助推将应用于他们个人时，他们不太可能支持该助推。见 James F. M. Cornwell and Dacid H. Krantz, Public Policy for Thee, But Not for Me: Varying the Grammatical Person of Public Policy Justifications Influences Their Support, 9 *Judgement & Decision Making*, 433（2014）（表明当助推直指"你"时，具有更低的支持率）。另一个重要文献并未发现此影响。见 Jung and Mellers, supra note 1, at 70 - 71（未发现此影响）（Cornwell and Krantz 2014）。

的大多数被试在上述四个问题上都偏好系统 2 助推。然而，值得注意的是，相当少数的一部分人（在 26％～45％之间）支持系统 1 助推。（在中性条件下，有两个问题的看法在民主党人、共和党人和无党派人士之间并没有显著差异。而其他两个问题存在差异，即民主党人更偏向于支持系统 1 助推，但这一差异也相当小。）

（2）当人们假定系统 1 助推"显著高效"时，许多被试的偏好会转向系统 1 助推，但是这种转变比较温和，通常引起大约 12 个百分点的变动。

（3）当给人们提供了具体的数量上的证据证明系统 1 助推更为有效时，偏好向系统 1 助推转变的幅度与人们仅被告知系统 1 助推"显著高效"时是相同的。

（4）当人们被告知系统 2 助推"显著高效"时，助推偏好并不会发生明显的转变（同中性条件相比）。这是一个让人困惑的结果，我将尝试解释它。

对这些结果的最明显的解释是，在重要的情境下，大部分被试想要保护和提升个人动因，因此他们会支持系统 2 助推，但他们同样关心效率问题，因此当证据表明系统 1 助推"显著高效"时，他们会发生转变。简言之，他们会在动因和效率之间作出抉择。同时，美国人口内部具有较高的异质性。许多人支持系统 1 助推可能是由于其效率较高，也可能是由于其使生活变得较为简单方便。一些人在系统 1 助推和系统 2 助推中并不存在不同偏好，他们只关心效率。

相反地，一些人对系统 2 助推有明显的偏好，且仅在得到有关系统 1 助推具有高效率的极有利的证据时才会改变偏好。因为有相当一部分美国人即使在清楚地了解到系统 1 助推具有高效率时也不会表现出对其明显的偏好，我们可以保守地认为，相当一部分人需要额外的有力证据来支持系统 1 助推，也可能任何证据都不够充分。我将提出一些具体的证据支持这个效应。

我利用三个特殊问题考察了人们在系统 1 助推和系统 2 助推之间的偏好：增加选民注册率，抵抗儿童肥胖以及减少堕胎。三种情形下的模式明显不同。在中性条件下，大部分人在前两个问题上并不支持系统 2 助推。相反地，自动选民注册获得了大部分人的支持，在儿童肥胖问题上，大部分人认同餐厅设计比家长教育更好。当被试被告知假定系统 1 助推具有更高的效率时，确实增加了系统 1 助推的支持率水平，但即使没有此类信息，系统 1 助推的支持率依然很高。关于人们偏好系统 1 助推的最佳解释是，人们对于特权保护（对自动选民注册的支持）

以及儿童保护（对餐厅设计的支持）的评判。

在减少堕胎数量的问题上，大部分被试一致支持系统 2 助推，这种偏好并不会在人们了解到系统 1 助推更具效率的条件下发生变化。毫无疑问地，这是由于很多人都赞成这样的观点：公共机构并不应当利用系统 1 助推去阻止妇女作出自己的选择。值得注意的是，在反堕胎的情境下，无论是民主党人、共和党人还是无党派人士都更支持系统 2 助推，尽管在很多情境下，民主党人对系统 1 助推都有显著较低的支持率。在促进增加参选率的问题上，系统 1 助推获得了大部分人的支持，而在减少堕胎的问题上，系统 2 助推获得了广泛的支持。这种明显的差异证明了人们是否认为某种权利是至关重要的，以及助推是维护还是损害这种权利决定了他们的评判标准。

一个简单的结论是：在规范化政策问题上，大部分美国人会更偏好系统 2 助推，但在这个问题上可能存在着明显的分歧。如果系统 1 助推明显表现出了更高的效率，此助推的支持率会有所上升，但这种上升并不会如预计那般明显，这显然是由于有相当一部分人认为个人动因具有较高的优先级。一方面，在涉及儿童问题以及系统 1 助推促使人们享受某些正确权利的条件下，系统 1 助推更受欢迎。另一方面，任何被人们视为是权利上作出妥协的助推都会遭到反对，此时系统 2 助推会更受欢迎，因为它表现出了对个人动因的尊重。

吸烟、储蓄、污染和水资源保护

前四个问题询问被试，在法律和政策具有相同目的的条件下，他们会更偏好系统 1 助推还是系统 2 助推。我将这类问题描述为"标准的"，因为它们在助推和行为经济学的讨论中被反复提及。并且他们并没有引起有关人权的特殊问题。四对问题在表 3-1 中被列出。

表 3-1　标准问题以及针对它们提出的系统 1 助推和系统 2 助推

(1) 在戒烟行动上，您更喜欢哪种政策？	
a. 图形化警示，展示逼真的癌症患者的图片。	b. 事实信息，给出人们有关吸烟风险的统计学数据。
(2) 在鼓励养老储蓄上，您更喜欢哪种政策？	
a. 雇员自动加入储蓄计划，如果不愿意加入，允许自由退出。	b. 在工作场合进行理财教育，使雇员获得选择退休金的相关知识。
(3) 作为减少污染项目的一部分，您更喜欢哪种政策？	
a. 自动为消费者选择稍贵一些的绿色（环境友好）能源，如果消费者想要选择其他略微便宜的能源提供商，可以自由退出。	b. 消费者能够通过教育行动了解到绿色（环境友好）能源的优势。
(4) 出于鼓励节水的目的，您更喜欢哪种政策？	

a. 政府要求酒店选择一个"环境友好房间"的默认规则：放在架子上的浴巾不会被清洗。如果人们想要清洗浴巾，他们需要告诉前台工作人员，这样他们的浴巾才会进行每日清洗。	b. 政府要求酒店提供关于"环境友好房间"的政策介绍：当客人把浴巾放置在架子上时，浴巾不会被清洗。酒店鼓励人们加入这项计划，但是如果客人不参与，他们的浴巾每天都会被清洗。

中立条件下的被试（条件1）

在中立条件下，人们并不了解关于系统1助推和系统2助推的效率问题，大部分人表现出了对系统2助推的明显偏好。总体数据见表3-2。

表3-2　在效率信息未知的条件下，
系统1助推和系统2助推的偏好情况（%）

问题	占被试的百分比	
	偏好系统1助推	偏好系统2助推
戒烟	45	55
储蓄	43	57
能源	26	74
节水	32	68

在环境污染和节水问题上，对系统2助推的偏好更为明显。在环境污染问题上，人们认为进行学习并自由作出选择比加入默认规则更好，这可能是由于默认规则看起来更昂贵或者比较不可靠。参与者担心由于退出机制比较烦琐，他们会在未经同

意的条件下面临更高额的电费账单。在节约水资源问题上并不
涉及金钱问题，但更多人支持系统 2 助推，这也许是因为默认
规则使客人处在了一个他们不喜欢的环境中（使用未经清洗的、
可能是脏的浴巾）。

尽管大部分人一致偏好系统 2 助推，但是，在这四种条件
下的确有很多人偏好系统 1 助推。一个可能的原因是，一部分
参与者推测系统 1 助推更有效率，尽管效率问题在这里并未被
提及。45％的被试偏好香烟外包装使用图形化警示，这也许是
因为他们认为如果这项政策的目的是引起人们对公共卫生问题
的重视，那么此类警示比事实数据更为有效。另一个可能的原
因是，系统 1 助推引起了较少的选择负担（例如储蓄、能源和
节水问题中的默认设置）。如果系统 1 助推确实带来了很大的便
利，并且并不要求人们主动行动的话，它很有可能更受欢迎。
相反地，系统 2 助推看起来需要更庞大的机构来推行（考虑一
下理财教育），并且需要被试付出更多的时间和注意力。

被试已知系统 1 助推"显著高效"（条件 2）

在中立条件下，人们的偏好可能具有多种原因。为进一步
了解这些偏好的动机，另一组被试被告知对于这四种目标，系

统 1 助推都是"显著高效"的。我们的假设是，这个条件会增加人们偏好系统 1 助推的比例。

假设被有限地证实了（见表 3-3）。

表 3-3 当得知系统 1 助推"显著高效"时，
系统 1 助推和系统 2 助推的偏好情况（%）

问题	偏好系统 1 助推的被试占总被试的百分比	
	中性条件（$n=430$）	被告知系统 1 助推 "显著高效"（$n=407$）
戒烟	45	57
储蓄	43	55
能源	26	38
节水	32	42

这里有两个值得注意的结果。第一，对这四类问题，系统 1 助推的偏好明显地提升了[1]，但变化比例并不高。第二，在这四个问题中偏好的变化量基本相同，不同问题之间并不存在显著差异，变化量具有高度的一致性。当人们得知系统 1 助推更为有效时，此类助推的支持率会有 10%～12% 的提升。

我们并没有足够的数据证明这是一条铁律，但确实有很多人认为系统 2 助推更有效率或者其更尊重个人动因。然而他们

---

[1] 统计显著性由卡方分析衡量，每个问题双侧 $p<0.05$。

在得知系统 1 助推相比较而言具有更高的效率时，偏好会发生转变。同时还有很多人达成了某种共识，他们发自内心地喜欢系统 2 助推。"显著高效"这一信息并不足以改变他们的认识。

被试了解到系统 1 助推是"显著高效"的，并且被告知相关数据信息（条件 3）

"显著高效"这一描述相当模糊，人们并不清楚它意味着什么。一旦给出了明确的数据描述，它可能有更强或者更弱的影响。例如，试想告知被试自动加入储蓄计划会将参与率从 40％提升至 90％，或者图形化警示每年会拯救 200 000 人的生命，但是系统 2 助推没有什么影响。在这些假设条件下，很难认为系统 1 助推不是更好的选择。为拒绝这一想法，人们必须谨慎思考它带来的后果（拯救生命是很好的，但是在拯救计划中，增加参与的价值并不那么明显），或者相当重视某些个人动因，或者，系统 1 助推也许在统计学的角度更为"有效"，但它的比较优势可能很微弱。如果是这样，我们也许会看到同中立条件相似的结果，甚至是结果向偏好系统 2 助推的方向偏移。

为了理解数据性描述信息的作用，我们提供给另一组被试向支持系统 1 助推方向倾斜的定量信息，这些信息可能并不像例子中给出的那么夸张，但确实偏向系统 1 助推。

（1）戒烟运动：假设系统 1 助推"显著高效"，它降低了 20％的吸烟率，而系统 2 助推仅降低了 5％的吸烟率。

（2）鼓励养老储蓄：假设系统 1 助推"显著高效"，它使得至少 90％的雇员加入了储蓄计划，然而系统 2 助推仅有 55％的注册率。

（3）减少污染：假设系统 1 助推"显著高效"，它减少了 40％的污染，然而系统 2 助推只减少了 5％的环境污染。

（4）鼓励节水：假设系统 1 助推"显著高效"，平均节约了 70％用于清洗浴巾的水，然而系统 2 助推仅减少了 10％用于清洗浴巾的水。

结果显示在表 3－4 中。

表 3－4　当给出系统 1 助推"显著高效"的定量证据时，系统 1 助推和系统 2 助推的偏好情况（％）

问题	偏好系统 1 助推的被试占总被试的百分比		
	中性条件（n＝430）	被告知系统 1 助推"显著高效"（n＝407）	被告知系统 1 助推"显著高效"，并给出了定量证据（n＝435）
戒烟	45	57	58
储蓄	43	55	56
能源	26	38	43
节水	32	42	47

非常清楚的是，定量信息并不比"显著高效"的描述具有更大的作用。相当出乎意料的是，这类信息没有带来统计上显著的改变。一个可能的原因是，这些数据上的差异不是很极端，它们仅仅是合理地反映了定性描述"显著高效"所表达的差异。如果是这样的话，这些数字并没有给出额外的信息。另一个原因可能是，这些偏好系统 2 助推的参与者确实因为对所谓的个人动因具有强烈的偏好，所以即使面对系统 2 助推具有更低效率的定性描述，也没有改变他们对其的偏好，他们并不会被相当可观的数据影响。这里很自然地产生了一个问题，即定量信息和定性信息之间的差异是否会引起被试之间的差异？我将在下文回答这个问题。（为了打破神秘感：答案是肯定的。）

被试得知系统 2 助推是"显著高效"的（条件 4）

假设系统 2 助推"显著高效"，我们可能预期相当一大部分人会支持此类助推。如果一种助推提升了人们的能力，并同时达到了理想的结果，看起来它要比具有较低效率，且并不能使人们获得任何知识的方案更受欢迎。主要的限制条件在于，即使某项助推相当高效，但如果它会产生一个让人不喜欢的结果，人们依然会拒绝这项政策。（大部分人不会喜欢一项鼓励人们使用违禁药品或者在开车时发短信的助推，即使它是有效率的。）下面我将说明这一点。

为了证明这一假设，我调查了一组被试，在他们知道系统2助推"显著高效"的条件下，更偏好系统1助推还是系统2助推？结果见表3-5。

表3-5 得知系统2助推"显著高效"后，
系统1助推和系统2助推的偏好情况（％）

问题	偏好系统1助推的被试占总被试的百分比	
	中性条件（$n=430$）	被告知系统2助推"显著高效"（$n=407$）
戒烟	45	43
储蓄	43	44
能源	26	26
节水	32	29

最让人困惑的是，系统2助推"显著高效"的假设并没有产生任何偏好的转变。结果与中立条件下的结果基本相同，这是一个相当意外的结果。所有解释都显得不太可靠，但一个可能的解释是，那些支持系统2助推的人已经确信其具有较高的效率，因此附加的假设并没有增加任何有用的信息。另外，一些人也许认为系统1助推具有不受约束的优势（例如他们可以自动运行且成本较低），或者认为系统2助推不具有此优势（因

为系统 2 助推要求投入更多的时间和精力）。系统 1 助推的支持者可能比系统 2 助推的支持者具有更坚定的偏好，因此他们不会受到有关效率问题的影响。例如，自动加入储蓄计划可能比理财教育计划更受欢迎，因为它不会造成后者带来的成本和负担。在自动加入绿色能源计划中也是一样的。另外，在中性条件下已经有大部分人偏好系统 2 助推了，因此仅有少部分人的偏好可以发生转变。

在这种条件下，不管是提供系统 2 助推更为有效的定量证据还是定性证据可能都会有相仿的结果，即一些人即便了解到系统 1 助推具有比较低的效率，仍会维持对其的偏好。他们也许会进行某些非正式的成本-收益分析（我会再次提到这个问题）。另一个比较合理的质疑是，我们是否会在被试内设计中观察到同样的结果？这里的被试内设计是指被试能够在调查中观察到所有问题，同时也需要回答所有问题。这个问题将在下文进行回答。（更出乎意料的是：我们没有观察到相同的结果。）

党派对被试偏好的影响

在第二章中，我们已经看到，在通常条件下，党派的分歧并不能解释人们对助推的判断。重要的是某项助推的效果。换言之，共和党人并不比民主党人更偏好或者更厌恶某项助推；他们倾向于赞成那些引导人们前往他们支持方向的助推，民主党人亦然。政治分歧能够解释人们对系统 1 助推和系统 2 助推的偏好吗？结果见表 3-6、表 3-7、表 3-8 和表 3-9。

表 3-6 根据党派分类的系统 1 助推和系统 2 助推的偏好情况（％）

问题	占被试的百分比					
	偏好系统 1 助推			偏好系统 2 助推		
	民主党人	共和党人	无党派人士	民主党人	共和党人	无党派人士
戒烟	50	44	40	50	56	60
储蓄	42	48	39	58	52	61
能源	34	24	19	66	76	81
节水	42	27	26	58	73	74

注：被试包括 163 名民主党人、142 名共和党人、125 名无党派人士。

表 3-7 已知系统 1 助推"显著高效"（条件 2），党派间对系统 1 助推与系统 2 助推的偏好情况（％）

问题	占被试的百分比					
	偏好系统 1 助推			偏好系统 2 助推		
	民主党人	共和党人	无党派人士	民主党人	共和党人	无党派人士
戒烟	62	57	52	38	43	48
储蓄	60	55	49	40	45	51
能源	48	31	34	52	69	66
节水	51	36	38	49	64	62

注：被试包括 163 名民主党人、142 名共和党人、125 名无党派人士。

**表3-8 已知系统1助推"显著高效"并给出定量证据（条件3）时，
党派间对系统1助推与系统2助推的偏好情况（％）**

问题	占被试的百分比					
	偏好系统1助推			偏好系统2助推		
	民主党人	共和党人	无党派人士	民主党人	共和党人	无党派人士
戒烟	61	56	56	39	44	44
储蓄	58	51	57	42	49	43
能源	47	38	42	53	62	58
节水	52	41	48	48	59	52

注：被试包括163名民主党人、142名共和党人、125名无党派人士。

**表3-9 已知系统2助推"显著高效"（条件4）时，
党派间对系统1助推与系统2助推的偏好情况（％）**

问题	占被试的百分比					
	偏好系统1助推			偏好系统2助推		
	民主党人	共和党人	无党派人士	民主党人	共和党人	无党派人士
戒烟	53	35	39	47	65	61
储蓄	47	37	47	53	63	53
能源	28	24	25	72	76	75
节水	41	20	23	59	80	77

注：被试包括163名民主党人、142名共和党人、125名无党派人士。

这里给出了相当多的数据，但基本逻辑是很直接的。党派并不重要。大部分共和党人、民主党人和无党派人士都偏好系统2助推，只有一个特例：民主党人对两种戒烟助推的支持率都是50％。系统1助推"显著高效"的定量信息和定性信息，都使得对系统1助推的偏好提高了10％～20％，且这一转变程度在三个群体中基本相同。对于所有三个群体，假设系统 2 助推"显著高效"得到了与中性条件下相似的结果。值得注意的是，对任何党派的群体而言，条件 1 与条件 4 之间的差别都不是统计上显著的。

这里最重要的发现是：在大多数条件下，民主党人、共和党人和无党派人士之间并没有明显的区别。他们对系统 1 助推和系统 2 助推的评价基本是一致的。然而，在某些条件下，民主党人确实表现出了比其他党派人士更强的对系统 1 助推的偏好。例如，在全部条件下，针对节水问题，民主党人均比其他党派人士更为偏好系统 1 助推，且这种差别是统计上显著的（$p < 0.05$）。条件 2 中，民主党人比其他党派人士更支持针对能源问题的系统 1 助推。条件 4 中，民主党人在戒烟问题上比共和党人更偏好系统 1 助推。

我们可以针对这些差异提出一些合理的解释。民主党人对绿色能源和节水问题有相对更高的热情，在戒烟问题上也是如此。对他们来说，系统 1 助推更具有吸引力是因为它看起来更有效。共和党人为了维护个人动因可能在能源和节水的问题上更支持系统 2 助推。然而，值得注意的是，当条件变化时，三组之间的差异并没有明显变化。

这里有一个相当基础的要点。当人们对某种结果具有极大的热情时，他们更可能支持系统 1 助推。当他们对结果产生怀疑时，系统 2 助推更受欢迎，毕竟它更好地维持了个人动因。我们会继续针对这方面进行讨论。

选举、儿童和堕胎

系统 1 助推和系统 2 助推囊括的范围相当广泛。一些助推使人们的生活更为便捷，如简化选举注册程序。相反地，一些助推阻止人们使用某项权利。比如阻止人们进行某项宗教活动，或者阻止人们行使性隐私权：鼓励禁欲就是一个例子。一些助推涉及儿童问题。小学老师会对儿童进行命令，但他们也在很多方面对儿童进行助推：比如做作业、讲礼貌和不扰乱课堂纪律。

在三类特殊问题上检验系统 1 助推和系统 2 助推的偏好情况

为说明这几种特殊的助推，我测试了被试对于选举、儿童肥胖和堕胎等政策的评判。在中立条件 1 下，结果如表 3 - 10

所示。

表 3-10 特殊问题以及与它们对应的系统 1 助推与系统 2 助推

（1）作为提升选举注册比例计划的一部分，您更支持哪种政策？	
a. 自动选民注册：当人们拿到驾照并且显示在该州定居时，自动注册为选民。	b. 鼓励人们进行选民注册的公共教育行动。
（2）作为抵制儿童肥胖计划的一部分，您更支持哪种政策？	
a. 重新规划学校餐厅，将健康、低卡路里的食物放在明显的位置。	b. 对家长进行儿童肥胖问题教育，以及教会他们如何抵制肥胖。
（3）为减少堕胎，您更支持哪种政策（请选出您比较不讨厌的一项，即使您两个都不喜欢）？	
a. 要求孕妇在堕胎之前看形象的胎儿照片，在照片中胎儿的形象非常小。	b. 要求孕妇在堕胎之前与医生进行简短的交流：在考虑到道德问题的情况下，他们是否真的认为堕胎是正确的选择。

正如四个标准问题一样，条件 2 假定系统 1 助推"显著高效"，并要求被试在系统 1 助推和系统 2 助推之间选择他们的偏好。条件 4 假定系统 2 助推"显著高效"，并要求被试选择他们的偏好。条件 3 则假定系统 1 助推"显著高效"，并且给出了定量证据。调查问题如下所示：

（1）增加选民注册：您更偏好哪种提高选民注册率的政策？假定①在提高选民注册率上更有效，它使得 40％的未注册选民进行了注册，而②仅使 10％的未注册选民进行了注册。

（2）抵制儿童肥胖：您更偏好哪种抵制儿童肥胖的政策？

假定①更有效，它平均减少了 30％的卡路里摄入，而②仅减少了 5％。

（3）减少堕胎：您更偏好哪种减少堕胎的政策？假定①更有效，它使得堕胎率降低了 30％，而②仅使其降低了 5％（请您选出比较不讨厌的那个，即使您两个都不喜欢）。

针对三个特殊问题，有关系统 1 助推和系统 2 助推偏好情况的一般性结论

我们可以进行合理的推断：大多数人在鼓励自动选民注册的政策上会支持系统 1 助推，而在堕胎政策上特别反对系统 1 助推，在儿童肥胖问题上特别支持系统 1 助推。以下是我们的发现：

（1）增加选民注册：大多数美国人偏好自动选民注册政策。假设条件上的变化并没有引起支持率的显著改变（见表 3-11）。

表 3-11　针对促进选民注册政策的系统 1
助推和系统 2 助推的偏好情况（％）

条件	占被试的百分比	
	偏好系统 1 助推	偏好系统 2 助推
中性条件	57	43
系统 1 助推"显著高效"	62	38

续表

条件	占被试的百分比	
	偏好系统 1 助推	偏好系统 2 助推
系统 1 助推"显著高效"，并提供定量证据	61	39
系统 2 助推"显著高效"	52	48

这里有两个重要发现。第一个是大多数人支持系统 1 助推。原因是对自动注册为选民，人们具有强烈的（道德）评价或者意愿，如果默认注册，他们就不必再进行额外的步骤。第二个是对自动注册政策的偏好情况并未随着条件的变化而变化，这和之前讨论的四种助推有相似之处。

（2）抵制儿童肥胖。略微过半的被试认为改变餐厅设计比家长教育更好，除非人们被要求假设后者具有更高的效率（见表 3-12）。

表 3-12　针对抵制儿童肥胖的系统 1 助推和系统 2 助推的偏好情况（％）

条件	占被试的百分比	
	偏好系统 1 助推	偏好系统 2 助推
中性条件	53	47
系统 1 助推"显著高效"	53	47
系统 1 助推"显著高效"，并提供定量证据	63	37
系统 2 助推"显著高效"	48	52

在三种"已知信息"的条件下，只有一种情况发生了明显的偏好转变，即给出定量证据后，餐厅设计政策的支持率显著上升。一般来说，我们并没有在四个标准问题中发现类似的转变。

（3）减少堕胎。对于堕胎，相当多的人支持系统 2 助推。（注意到在此问题上，即使被试不喜欢任何一种政策，他们也必须作出选择。由于在高度敏感的问题上，被试很有可能会拒绝全部两种助推。）在条件改变的情况下，对系统 2 助推的偏好并没有发生明显的转变（见表 3 - 13）。

表 3 - 13　针对减少堕胎的系统 1 助推和系统 2 助推的偏好情况（％）

条件	占被试的百分比	
	偏好系统 1 助推	偏好系统 2 助推
中性条件	25	75
系统 1 助推"显著高效"	34	66
系统 1 助推"显著高效"，并提供定量证据	33	67
系统 2 助推"显著高效"	29	71

一个合理的解释是，在这些较为私人的问题上，人们并不希望政府采取系统 1 助推的手段去改变人们的决定。如果这个解释成立，那么随着条件的改变，偏好并不会发生改变。对于很多人来说，堕胎存在道德问题或者难以被接受，对这部分人

来说，系统 1 助推可能是更好的。或许因为这种方法更有效，又或者因为这是对那些正在考虑这一选择的人更为尖锐和直接的回应。因此，有一小部分人坚定地支持系统 1 助推也就不足为奇了。

不同党派被试的偏好

党派在其中起到了什么样的作用？我们预想在这几个问题上党派的影响可能比在标准问题中的影响大一些。在某几个问题上是如此，但整体影响并没有这么直接。结果见表 3-14、表 3-15、表 3-16。

表 3-14　针对增加选民注册的政策，不同党派的被试偏好（%）

条件	占被试的百分比					
	偏好系统 1 助推			偏好系统 2 助推		
	民主党人	共和党人	无党派人士	民主党人	共和党人	无党派人士
中性条件	65	53	52	35	47	43
系统 1 助推"显著高效"	63	53	57	37	47	43
系统 1 助推"显著高效"，并提供定量证据	71	54	58	29	46	42
系统 2 助推"显著高效"	55	53	48	45	47	52

表3－15　针对抵制儿童肥胖，不同党派的被试偏好（％）

条件	占被试的百分比					
	偏好系统1助推			偏好系统2助推		
	民主党人	共和党人	无党派人士	民主党人	共和党人	无党派人士
中性条件	61	45	51	39	54	49
系统1助推"显著高效"	59	48	52	41	52	48
系统1助推"显著高效"，并提供定量证据	70	54	67	30	48	33
系统2助推"显著高效"	51	43	49	49	57	51

表3－16　针对减少堕胎，不同党派被试的偏好（％）

条件	占被试的百分比					
	偏好系统1助推			偏好系统2助推		
	民主党人	共和党人	无党派人士	民主党人	共和党人	无党派人士
中性条件	20	32	23	80	68	77
系统1助推"显著高效"	30	42	29	70	58	71
系统1助推"显著高效"，并提供定量证据	25	43	31	75	57	69
系统2助推"显著高效"	24	34	30	76	66	70

忽略一些细节：最一致的差别体现在减少堕胎政策上。更

高比例的共和党人在四种条件下均更倾向于支持系统 1 助推。在其中三种条件下，共和党人和民主党人的反应有显著差异（除去当被告知系统 2 助推更为有效的条件时）。① 对于选民注册和儿童肥胖问题，在中立条件下，共和党人和民主党人的偏好有显著差异。共和党人和无党派人士在被告知系统 1 助推更有效的条件下对减少堕胎的政策的偏好有显著差异，不管他们是否知晓定量证据。共和党人和无党派人士在知道抵制儿童肥胖问题的定量证据后的偏好也具有显著差异。有趣的是，在被试得知系统 2 助推更有效时，他们的偏好并没有显著差异。

同样地，我们不应该模糊基本逻辑中的细节。当某个问题在政治上存在争议时，它更容易在系统 1 助推和系统 2 助推的选择上引起分歧。如果人们强烈支持政策带来的结果，他们更有可能偏好使用系统 1 助推。当政策结果看起来相当重要时，人们首要考虑的是如何最好地实现这一结果，因此人们会偏好那种似乎更容易达到效果的助推。对于这里的一些结果的另一个可能的解释是，当某项政策结果唤起了强烈的情感反应时（例如使用违禁药品），他们更支持系统 1 助推（例如图形化警示）。

---

① 统计显著性由卡方分析衡量，每个问题双侧 $p < 0.05$。

另外，对于四个标准问题，党派并不能解释被试对系统 1 助推和系统 2 助推的偏好（存在有趣的例外，特别是在减少污染的问题上）。党派在堕胎、选举和儿童肥胖问题上更为重要。不出意料的是，民主党人在反堕胎政策上表现出了比共和党人更低的支持率，以及共和党人在自动选民注册和抵制儿童肥胖的行动上表现得并没有民主党人积极（见第二章）。

深入挖掘

全国代表性调查得到了许多有关人们想法的信息，但它也提出了很多问题。为何在中性条件下和在"系统 2 助推显著高效"的条件下得到了基本相同的结果？为何不管是否使用相当可观的数据对系统 1 助推的好处进行描述，都会得到相同的结果？以及为什么有些人支持系统 1 助推，有些人支持系统 2 助推，确切的原因是什么？

为了回答这些问题，我利用亚马逊土耳其机器人进行了一系列后续研究。由于样本并不具有全国代表性，因此应当有保留地看待这些结果。[①] 同时，中性条件下的数据与全国代表性调查的数据和其他数据基本相同。认为我在这里进行调查的具体问题与全国代表性样本调查得到的结果应当保持一致是合理的。

利用被试内设计验证偏好

回忆一下，我们之前的讨论都是基于被试间设计得到的结论，不同组的被试观察到的条件并不相同，他们并没有同时观察到所有条件。这一设计具有明显的优势，因为它消除了之前的问题可能带来的影响。如果孤立地来看这些问题，被试不会受到顺序效应的影响，也不会因为与前一个问题明显不同而使得某个特定的因素变得异常明显。在某种意义上，被试间设计得到的结论比较纯粹，因为某个因素（例如，比较有效性）不会比人们同时知道所有条件时更为明显。

然而，被试内设计也具有一定的优势，即参与者可以同时了解并回答调查中的所有问题。根据目前的目的，被试内设计

---

① 有关亚马逊土耳其机器人参与者特征的相关研究信息，见 supra note 2。当然，全国代表性调查的优势在于样本基本准确涵盖了相关的大众信息（在此，指美国）。相反地，亚马逊土耳其机器人中的被试是自选择的，他们选择参与调查，他们的兴趣、评判标准和价值取向也许同全国代表性样本具有较大差异。然而回忆此处提供的调查结果，当被问及相同问题时，亚马逊土耳其机器人中的被试与全国代表性调查被试之间只有相当微小的差别。

的主要优势是，它能够测试当人们了解到比较有效性的全部信息后，他们的初始答案是否会改变。这一问题值得检验，因为它揭示了人们是否对系统 1 助推或系统 2 助推有稳定的偏好：即使他们明确了解了比较有效性的信息后，也不会改变自己的偏好。利用组内调查，我们可以回答组间调查留下的两个问题：（1）定量信息是否确实对人们的选择没有影响？（2）人们是否对系统 2 助推"显著高效"这一信息无动于衷？

我利用亚马逊土耳其机器人对大约 400 人进行了调查实验，调查共包含 24 个问题，基本涵盖了前文提到的所有被测领域（未包含堕胎[①]）。结果见表 3-17。

表 3-17　在 4 种不同前提条件下，针对 7 个问题中的
6 个问题的被试内设计的偏好结果（%）

问题	偏好系统 1 助推的被试占总被试的百分比			
	条件 1	条件 2	条件 3	条件 4
戒烟	41	57	67	30
储蓄	45	58	72	28

---

　　①　这个领域被排除在具有极高争议的问题之外，同时并不清楚在被试内设计中会有多少额外信息。从全国代表性样本调查中我们了解到，即使在被试间设计中，大部分人反对反堕胎的系统 1 助推，并且不会随着假设条件的变化而改变。因为人们有关此类助推的评判很有可能基于他们对于堕胎问题的看法（因此有关反堕胎的系统 1 助推的效率信息并未打动他们），我们并不认为在被试内设计中能观察到明显的转变。但这一假设需要进一步检验。

续表

问题	偏好系统 1 助推的被试占总被试的百分比			
	条件 1	条件 2	条件 3	条件 4
能源	36	50	69	19
节水	42	55	67	21
肥胖	61	71	78	29
选举	60	66	76	34

一些结果相当清晰。最重要的一点是，人们的反应模式是相当有序的。我们看到了我们预期的一般性结果。系统 1 比较有效的信息会增加人们对系统 1 助推的支持率；量化证据进一步增加了支持率；以及系统 2 助推比较有效的信息也会增加其支持率。在后两个方面我们看到了有意义的偏好改变，这是我们在组间测试中没有观察到的。[①]

更详细地说，中性条件下的结果总体上同全国代表性调查得到的结果十分相似。同时，如同我们预想的那样，随着条件的改变，我们观察到了更明显的偏好转变。当前提从中性条件

① 涉及"可评估性"的一个理由：在提出多个问题的被试间设计中，人们能够对那些在理论上很难评估的因素进行衡量。见 Christopher Hsee，The Evaluability Hypothesis: An Explanation for Preference Reversals Between Joint and Separate Evaluations of Alternatives，67 *Organizational Behaviour & Human Decision Processes* 247，255（1996）（表明当人们在面对联合问题进行决策时，能够衡量那些在面对单独问题时无法进行评估的因素）。

改变到"系统 1 助推'显著高效'"的条件时，偏好变动和全国代表性调查结果基本相同。但是在被试内设计中，量化信息确实引起了偏好的改变。当前提从中性条件改变为"系统 2 助推'显著高效'"的条件时，我们观察到所有问题都发生了至少 11％的支持率的变动，在某些问题中这一变动甚至超过了20％。在这个调查中，前提条件的变动引起了人们观点的明显改变。

这里有两个重要结果。第一，在被试内调查中，有至少1/3的被试坚定地支持系统 2 助推，即使他们得知系统 1 助推更具效率，并且得到了相关的量化信息。这一结果可能让人吃惊。第二，在被试内调查中，很大一部分人（大概 1/4）坚定地支持系统 1 助推，即使他们得知系统 2 助推更高效。这一结果显然出乎意料。

尽管被试内调查并没有使用全国代表性调查样本，但被试内调查可以给我们提供有用的信息。它表明在被试内调查中系统 1 助推越有效，则转向支持系统 1 助推的人越多；系统 2 助推更有效的证据也会提高系统 2 助推的吸引力。同时，被试内设计也证实了一个一般性结论，即有相当一部分人可能出于对某种个人动因的坚定信念而选择支持系统 2 助推，即使系统 2

助推明显不具有效率。

关于效率信念的检验

被试间设计和被试内设计都要求人们明确表达自己的偏好。这两个设计并没有考察人们对效率问题的态度。询问被试有关效率的问题是十分具有启发性的。如果人们在得知系统 1 助推具有更高效率的前提下仍然坚持选择系统 2 助推，那么我们有理由相信，这是由于对个人动因的坚定信念或类似原因影响了人们的判断。

我利用亚马逊土耳其机器人对大约 400 名被试进行了关于效率问题的调查。详细问题见表 3 - 18，调查结果见表 3 - 19。

表 3 - 18　效率问题，以及它们对应的系统 1 助推和系统 2 助推

（1）在戒烟行动上，您认为哪种政策更有效？	
a. 图形化警示，展示逼真的癌症患者图片。	b. 事实信息，给出人们有关吸烟风险的统计数据。
（2）在鼓励养老储蓄上，您认为哪种政策更有效？	
a. 雇员自动加入储蓄计划，如果不愿意加入，允许自由退出。	b. 在工作场合进行理财教育，使雇员获得选择退休金的相关知识。
（3）作为减少污染项目的一部分，您认为哪种政策更有效？	
a. 自动为消费者选择稍贵一些的绿色（环境友好）能源，如果消费者想要选择其他略微便宜的能源提供商，可以自由退出。	b. 开展使消费者了解绿色（环境友好）能源优点的教育行动。

续表

(4) 出于鼓励节水的目的，您认为哪种政策更有效？	
a. 政府要求酒店选择一个"环境友好房间"的默认规则：放在架子上的浴巾不会被清洗。如果人们想要清洗浴巾，则需要告诉前台工作人员，他们的浴巾才会每日进行清洗。	b. 政府要求酒店提供关于"环境友好房间"的政策介绍：当客人把浴巾放置在架子上时，浴巾不会被清洗。酒店鼓励人们加入这项计划，但如果客人不参与，他们的浴巾每天都会被清洗。
(5) 在抵制儿童肥胖上，您认为哪种政策更有效？	
a. 重新规划学校餐厅，将健康、低卡路里食物放在明显的位置。	b. 对家长进行儿童肥胖问题教育，以及教会他们如何抵制肥胖。
(6) 为提升选民注册比例，您认为哪种政策更有效？	
a. 自动选民注册：当人们拿到驾照并且显示在该州定居时，则自动注册为选民。	b. 鼓励人们进行选民注册的公共教育行动。
(7) 为减少堕胎，您更支持哪种政策（请选出您比较不讨厌的一项，即使您两个都不喜欢）？	
a. 要求孕妇在堕胎之前看到形象的胎儿照片，在照片中胎儿的形象非常小。	b. 要求孕妇在堕胎之前与医生进行简短的交流：在考虑到道德问题的情况下，她们是否真的认为堕胎是正确的选择。

表 3-19　在这 7 个问题上，关于系统 1 助推和
系统 2 助推有效性的看法（％）

问题	占被试的百分比	
	系统 1 助推更有效	系统 2 助推更有效
戒烟	71	29
储蓄	53	47
能源	45	55

续表

问题	占被试的百分比	
	系统 1 助推更有效	系统 2 助推更有效
节水	53	47
肥胖	57	43
选举	75	25
堕胎	30	70

最重要的发现是：针对 7 个问题中的 5 个，人们认为系统 1 助推具有更高的效率。即使人们仅在其中两个问题上支持系统 1 助推。显然，即使人们知道系统 1 助推更有效，他们仍然偏好系统 2 助推。这一结果强有力地证明了个人动因驱使人们选择系统 2 助推。

人们对效率的信念还受到了价值取向的影响。一些被试表示，他们认为某项助推具有效率并不是因为他们真的认为它是有效的，而仅仅是因为他们喜欢这项助推。堕胎问题显然属于这一类。绝大多数（70%）的被试表示系统 2 助推更有效，尽管并没有证据支持这一结论。我们有理由质疑，在回答这个问题时，被试究竟是不是选了他们认为在减少堕胎上"更高效"的政策。这个结果看起来更像是人们出于自己的价值取向选择了他们更"喜欢"的助推。

需要明确的一点是，参加有关效率问题调查的样本并非全国代表性样本，我们也不能确定在全国代表性样本中，无论是被试间设计还是被试内设计，有关效率问题的评价和偏好是否会与本调查所示结果相同。尽管如此，我们已经看到，在"中性条件"以及在"显著高效"的条件下，亚马逊土耳其机器人调查得到的结果同全国代表性样本调查结果基本一致。有关效率问题的调查有力地证实了有一部分人会坚定支持系统 2 助推，即使他们认为它是低效的。

比较系统 1 助推"显著高效"以及"出奇高效"的假设

在被试间设计中，条件 1 和条件 3 结果之间的差异不是非常大。但在被试内设计中，这种差异相当大。因此一个值得思考的问题是，当看到数据显示系统 1 助推"出奇高效"时，会不会有更多人偏好系统 1 助推？为了检验这个问题，我在被试内设计中利用四个标准问题进行了调查，但提供了异常生动的关于效果差异的说明。

●戒烟行动：假设（1）明显比（2）有效，（1）每年能够阻止 15 000 例过早死亡，而（2）仅能阻止 500 例。在这个假设下，您更喜欢哪种政策？

● 鼓励退休金储蓄：假设（1）明显比（2）有效，（1）能够使 90% 的雇员加入储蓄计划，然而（2）仅能使 30% 的雇员加入。在这个假设下，您更喜欢哪种政策？

● 减少污染：假设（1）明显比（2）有效，（1）能够降低 50% 的空气污染（并每年减少至少 2 000 人死亡），然而（2）仅能降低 5% 的空气污染（并每年减少至少 200 人死亡）。在这个假设下，您更喜欢哪种政策？

● 鼓励节水：假设（1）明显比（2）有效，（1）能够使酒店用水量减少 10%，然而（2）仅能使用水量减少 1%。在这个假设下，您更喜欢哪种政策？

依照此种设计，系统 1 助推从条件 1 到条件 3 的偏好的增加情况见表 3 - 20。

表 3 - 20 当系统 1 助推"出奇高效"时，
对系统 1 助推和系统 2 助推的偏好（%）

问题	偏好系统 1 助推的被试占总被试的百分比	
	中立条件	已知系统 1 助推"出奇高效"的量化信息
戒烟	42	76
储蓄	42	67
能源	35	70
节水	42	64

这里有两个出乎意料的发现。第一，调查中夸张的数据引

起了人们较明显的偏好转变（22%～34%之间），但这一转变并不比那些不太夸张的数据引起的转变明显（见表 3-15）。显然人们只进行了一些粗略的判断（这个明显的差异是否重要），并以此作出是否改变偏好的决定。我们可以推测，在被试内设计中，如果我们同时给出"'显著高效'的数据"以及"'出奇高效'的数据"，可能会看到偏好上的差异。但除非这种差异非常醒目，否则它显然是不重要的。

第二，即使存在着相当大的效率差异，仍有相当一部分人坚定地支持系统 2 助推。在调查中，仍有 24% 的被试以付出 14 500 个生命的代价拒绝香烟图形化警示政策；同时，30% 的被试以付出 1 800 个生命的代价拒绝自动使用绿色能源计划。可能的原因是，他们对个人动因问题的重视程度超过了这些数据（也可能是由于他们并没有特别留意这些问题）。

如果系统 2 助推更有效率，并且用这些夸张的数据来表现这种效率提升，那么情况会如何呢？为回答这一问题，我利用相同的数据再次进行了前文所述的调查，这里唯一的变动是，系统 2 助推被描述成更具效率的。这一调查共有 400 人参与，结果如下所示（见表 3-21）。

表 3 – 21   当系统 2 助推 "出奇高效" 时，
对系统 1 助推和系统 2 助推的偏好（％）

问题	偏好系统 1 助推的被试比例	
	中立条件	已知系统 1 助推 "出奇高效" 的量化信息
戒烟	41	19
储蓄	44	19
能源	34	14
节水	45	17

正如我们预想到的，利用具体数据来描述系统 2 助推巨大的效率提升在被试内设计中产生了明显的效果。偏好转变在 20％～28％之间，是相当大的转变。值得注意的是，在四类问题中，系统 2 助推偏好的增长基本完全一致。同时，仍有一部分人（不到 1/5）坚定地支持系统 1 助推。他们这样做的原因还不清楚。也许是他们拒绝接受效率提升的数据；也许是他们认为系统 1 助推具有独立的优势（再次，也可能是他们并没有特别留意这些问题）。

加入 "任一或全部" 选项后的偏好测试

本书一直对在系统 1 助推或系统 2 助推之间作出选择进行讨论。然而在很多情况下，还可能两者都选或者两者都不选。第二章实际上就 "两者都不选" 进行了测试，结果证明大部分美国人、欧洲人和其他地方的被试拒绝了这一选项，他们喜欢相关的助推政策。在之前的调查中，询问被试是否接受系统 1 助推已经相当于测试了这个问题，大部分人选择接受助推。但如果人们可以选择支持系统 1 助推、系统 2 助推或者两种都支持，结果会怎样呢？

这里再次使用亚马逊土耳其机器人，我询问了大约 400 人。结果在表 3 - 22 中给出。

表 3 - 22　任一还是全部（％）

问题	所占比例		
	偏好系统 1 助推	偏好系统 2 助推	两者共同施行
戒烟	10	44	46
储蓄	16	40	44
能源	10	56	34

最明显的发现是，很多人（不到半数）两种助推都支持，尽管在被要求必须在二者之间作出选择时他们表现出了对某一种的偏好。对于吸烟和储蓄，"两者共同施行"获得了将近一半人的支持，而在空气污染问题上，该选项获得了超过 1/3 人数的支持。同时，还是有很多人认为系统 2 助推比"两者共同施行"更好，这也许是因为系统 1 助推没有表现出对个人动因的足够重视，或者因为系统 1 助推并不能对系统 2 助推有所助益。

这里有一个值得注意的结果：我们发现，如果单独就系统1助推或系统2助推政策（戒烟、储蓄、环境污染）进行询问，人们大概也会表现出支持。

我们可以推测这种可能性，人们对"两者共同施行"的偏好程度取决于他们对问题重要程度的看法。如果助推针对的问题相当紧要，他们也许会认为：如果能够有更多的工具用于处理这个问题，情况可能就会更好。问题在于，支持系统2助推的参与者是否认为个人动因比这种想法更为重要？

受欢迎的观点、法律和公共政策

调查结果详尽地告诉了我们何种政策会受到公众支持；何种政策会受到公众反对。需要确定的一点是，时移世易，人们的看法不会一成不变，不同的教育行动也会带来不同的观点。系统1或系统2的活动会改变人们对系统1助推和系统2助推的评价。

但我们了解到，近年来被推行或者广泛讨论的助推获得了美国、欧洲以及其他地区人民的广泛支持，并且这种支持跨越了党派之间的差异。我们同样也了解到，当人们无须在系统1

助推或系统 2 助推之间作出选择，而只需表示是否支持某项助推时，大部分人会给出肯定的回答。在进行调查的地区，当人们发现助推的结果不合理（例如宗教倾向的那个例子）或者与大部分被试的利益与价值取向不一致时（例如给特定的慈善机构自动捐赠），他们会拒绝这项助推。在某些极端情况下，人们担心助推会造成未经同意的损失或具有操纵性，例如使用潜意识广告劝导戒烟以及利用视觉错觉使司机减速慢行。

同时，调查结果可能跟踪、也可能不跟踪从规范性问题的持续分析中产生的结果，特别是在分析中加入了对可能结果的理解的情况下。实际上，我们并不知道人们在回答调查问卷时到底在想什么。

另一个值得商榷的假说是：系统 1 支持系统 2 助推。也就是说，人们也许会作出一个快速的、直觉性的判断，认为系统 2 助推是最好的。这一观点认为，自动系统偏好系统 2 助推，为改变这种偏好，需要调动审慎思考系统。再次强调，这一原因可能是系统 2 助推看起来更重视个人动因。人们可能会自发地认为，最好不使用默认规则或者去恐吓他们，而应该告知他们相关信息，这样他们就可以自主进行选择。但系统 2 可能更像一个福利主义者，因此它不会轻易接受自发结论，它会非常谨慎地思考不同助推带来的实际影响，并且不会特别重视个人动因。或者，系统 2 可能愿意考虑这样一种可能性：如果我们关心个体的自主性，系统 1 助推实际上比它们最初看起来的要好。

关于系统 1 支持系统 2 助推的假说在这里缺乏数据支持（尽管我赞同这一假说，至少对许多参与者而言是如此）。大部分人对系统 1 助推的偏好实际上来自深思熟虑，而非自动反应。但是认为人们对系统 2 助推的偏好是下意识判断的假说不应该被弃之不顾。很容易验证这个假说，例如在限时条件下，或者激起某些"认知负担"（例如耗尽分析能力的极难的数学问题）后，要求人们回答问卷。设计这样的测试，并观察大部分人是否的确会表现出对系统 2 助推的偏好（如我设想的那样），是十分有价值的。

考虑另一个假说：系统 2 支持系统 1 助推。基本观点是：系统 2 会在仔细考虑后果之后，作出全局性的判断。一旦经过了谨慎思考，人们通常会发现系统 1 助推既高效又廉价，即使它们缺乏直觉上的吸引力。这一假说亦缺乏数据支持，尽管可以认为在经过对多种情况的仔细分析后，系统 1 助推通常会表现得更好。但是，如前所述，这个假设太宽泛了：在某些情况

下，系统 2 助推在规范性方面会更好，而系统 2 将承认这一
事实。

接下来让我们结束对调查结果的分析，探索系统 2 对这些
问题的看法。

参考文献

Arad，Ayala，and Ariel Rubinstein. July 2015. The People's Perspective
on Libertarian-Paternalistic Policies（unpublished manuscript）. http：//
www. tau. ac. il/～aradayal/LP. pdf［https：//perma. cc/C95Y-MKLD］.

Cornwell，James F. M.，and David H. Krantz. 2014. Public Policy for
Thee，But Not for Me：Varying the Grammatical Person of Public Policy
Justifications Influences Their Support. *Judgment & Decision Making*
9：433.

Felsen，Gidon，Noah Castelo，and Peter B. Reiner. 2013. Decisional
Enhancement and Autonomy：Public Attitudes Toward Overt and Covert
Nudges. *Judgment & Decision Making* 8：202.

Hsee，Christopher. 1996. The Evaluability Hypothesis：An Explanation
for Preference Reversals Between Joint and Separate Evaluations of Alterna-
tives. *Organizational Behaviour & Human Decision Processes* 67：247 -
255.

Huff，Connor，and Dustin Tingley. 2015. "Who Are These People?"
Evaluating the Demographic Characteristics and Political Preferences of

MTurk Survey Respondents. *Research & Politics* 2 (3): 1 - 12.

Yung, J. Y., and Barbara Mellers. 2016. American Attitudes Toward Nudges. *Judgment & Decision Making* 11: 62.

第四章 如何选择助推类型？

　　一个人是如何在教育型和非教育型助推中作出选择的？一个回答指向了社会福利：哪种助推可以增进社会福利？这个问题要求对成本和收益进行考察。通常教育型助推具有较低的成本和较高的收益，但有时教育型助推的完成度较低，例如由于人们缺少行动力和学习的能力。非教育型助推较为简单，能够自动运行。如果关注自主权和尊严，教育型助推具有一些优势，因为它们协助人们作出选择。但教育型助推同样也从某些方面削弱了自主权，至少在某些方面，它们侵占了人们有限的"带宽"，并强制要求人们在他们也许并不想关注的方面花费时间和精力。

政策制定者如何在两种不同的助推中作出选择？他们应在何种情况下选择某种助推？他们应在何种情况下不使用任何助推，或同时使用两种助推？如何理解两种助推和人类动因之间的关系？

命 令

当然存在这种可能性，即命令比任何形式的助推都要好，也许它们的效率更高，并且净收益也更高。自由选择权确实相当重要，但如同约翰·斯图亚特·穆勒（John Stuart Mill）很早之前强调的那样，自由选择权存在着局限性。当涉及对他人的伤害时，政策制定者不应该仅仅只是助推。为减少暴力犯罪的威胁，使用禁令是相当合理的。毫无疑问地，助推可以作为此类禁令的辅助手段。一个国家应该禁止谋杀、强奸和故意伤害，并且应该使用社会规范、通知以及警告以减少此类恶行的发生率。空气污染法可能会设定排放限制，这是一种禁令，但它们也可以用警告和提醒的方式进行。在很多国家，要求电器更加节能的节能规则是通过信息披露来实现的，这些信息披露使得消费者了解到使用电器的成本。

　　尽管不会对第三方造成损害，但命令有时也要求一致同意。在很多民主制国家，社会保障法得到了强有力的支持，尽管此类法律并不仅仅只是鼓励储蓄，而是进行强制储蓄，并在一定程度上限制了选择自由。一个理由是在行为学中被反复强调的："现状偏见"会使得人们忽视未来的自我，而社会保障法削弱了此类被忽视的风险。在不安全的食品和工作条件问题上，政府通常出台禁令。当风险足够高的时候，公共机构不会说"这里是关于风险的相关信息；请大家自便"。

　　当然，作为经典的教育型助推，信息通常可以阻止人们作出损害自身利益的选择，但它并不总是有用的。当理智的人都不愿意承担某种风险时，最好的做法就是出台某项禁令。同时，行为偏误（例如疏忽或者不切实际的乐观）可能也会使人们作出某些会导致严重后果的行为。在自由社会中，禁令是不被赞成的，但是它们很难被禁止使用。一个核心问题是，什么提升了福利水平？有时通过提醒人们并以此来增强系统 2 是最好的选择，但是在某些高风险的情况下，命令和禁令也许是相当合理的。因为一个以某种教育形式出现的系统 2 助推很可能由于人们的忽视而失效，系统 1 助推也可能是无效的。

　　需要再次重申的是，助推通常和命令与禁令同时运行。人们也许会被禁止承担某种风险,例如在不安全的水域游泳,但也会有告示牌警示人们应远离这片水域。通过这样的手段,系统 1 助推可能会增强某项禁令的效果,或者系统 2 助推会被用来说服人们远离某种风险,例如某种药品的使用说明告知了人们滥用该药品的风险。

"不作为"

从另一个角度来说,对于政策制定者而言,由于任何额外的干预手段都可能使成本超过收益,不作为也许是一个最佳选择。换言之,政策制定者至少会尝试避免任何形式的助推。我们看到,在很多国家,无论是对某些教育型助推或某些非教育型助推,有一小部分人会明确支持这种做法。当然,对于某些选择而言,不干涉可能是政府最好的做法。

假设我们关注两个问题:决策成本和错误成本(包括错误的数量和影响范围)。我们可能会认为当使用助推时,政府为辨明如何更好地助推,会产生大量的决策成本。我们也可能认为,如果错误成本是由于有偏见的或者缺乏信息的选择造成的,某些助推并不会显著降低错误成本,甚至可能增加这项成本。一个例子是转基因食品的强制标签政策，这一政策在美国和欧洲获得了广泛的支持。[①] 一个有价值的争议是此类标签的收益很少，甚至没有收益。它们甚至可能错误地使消费者认为转基因食品存在着健康风险（但并不存在）。有时对于公共机构来说，最好的做法是根本不助推，而是允许市场发挥力量。对于政府来说，忍耐是一种美德。

"不作为"十分重要，甚至是一个基础问题。但我们需要谨慎对待，因为"不作为"可能会被严重混淆，并使人迷惑。政策制定者能够在某些方面避免助推，但是他们通常无法完全避免助推。在某些方面，不使用助推是不可能的。当人们打开某个网站或者填写某个表格时，只要人们被列表顺序影响，助推就已经产生了。天气能够产生助推，建筑物的高度也可以，声音、形状、颜色，一切都能产生助推。私人领域的助推时时刻刻都存在。

对于"不作为"，我们指的是我们采取现有的做法，包括现行的助推，正如所给予的那样，我们对这些做法不作任何补充。

---

① 见 Cass R. Sunstein，On Mandatory Labeling，With Special Reference to Genetically Modified Food. *University of Pennsylvania Law Review* (forthcoming 2017) (Sunstein 2017)。

重要的是，有时这样做是一个很好的主意。也许让事情按照原本轨迹运行是最佳选择。

激　励

经济激励也许是最好的方法。为鼓励某种特定行为而对其进行补贴，或者为阻止某种行为而向其征税，都可能是十分合理的。在环境政策中，很多专家认为，矫正税是使造成污染的企业将外部性内部化的最好的解决手段。碳排放税在温室气体排放问题中被反复提及。"总量管制与交易"系统在规定了总排放量限额的同时，允许进行排放权交易，在分析方法上与碳排放税很相似。在合理的假设下，这是解决外部性的首要方法。

某些时候即使不存在外部性，我们也可能赞成使用经济激励。烟草税通常是减少吸烟以及鼓励戒烟的合理手段。一些人支持碳酸饮料税，要求至少对高卡路里饮料征税，因为这样的手段能够引导选择者作出更好的选择。激励通常被用来对抗信息不足，有时它是矫正行为偏误的最好方法。如果人们面对"内部性"问题会造成他们的总体福利下降，例如他们当下的选择会对未来造成损害，行为学上的观点认为，经济激励是矫正行为的很好的手段。

但是在很多问题上使用一些助推是更好的选择。[①]它们的成本可能比命令、禁令和激励更低，也可能更有效。在这种情况下，政策制定者需要在使用系统 1 助推还是系统 2 助推之间作出抉择（除非他们两种都接受）。为了鼓励储蓄，他们可以进行某些公共教育行动，也可以选择自动注册政策。为了促进人们参与某项公共项目，他们可以依赖于教育或者设置默认规则。为了减少吸烟和分心驾驶，他们可以使用图形化警示或者某些统计报告。哪种更好呢？

福 利

对于这个问题，厘清某些基础概念十分有帮助。我们关心福利、自主权和其他一些价值吗？假设我们是约翰·斯图亚特·穆勒和杰里米·边沁（Jeremy Bentham）的追随者，也就

---

① 详细讨论见 Jacob Goldin and Nicholas Lawson, Defaults, Mandates, and Taxes: Policy Design with Active and Passive Decision Makers, 18 *American Law and Economics Review* 438 （2016）。https: //www-cdn. law. stanford. edu/wp-content/uploads/2016/06/Goldin-and-Lawson-6-1-16. pdf. Brian Galle. Tax, Command … or Nudge? Evaluating the New Regulation, 92 *Texas Law Review* 837 （2014）（Goldin and Lawson 2016; Galle 2014）。

是说我们是福利主义者,认为任何价值评判都应基于干预对社会福利造成的影响。如此,两个最重要的问题是:系统 1 助推或系统 2 助推的成本和收益是什么?[①] 哪种助推具有更高的净收益? 对于这些问题,有关效率的信息具有一定的相关性,但仅有此类信息远远不够。我们也需要成本的相关信息。一个最有效的助推可能由于需要高昂的成本而不值得推行,或者它可能与其他不太高效但成本更低的助推相比,具有更低的净收益。

另外,有关效率的信息不能完全描述某项助推的收益。如果 90％的人加入了储蓄计划,或者自动选择绿色能源计划减少了 20％的污染,那么它们带来的福利结果究竟是什么? 参与率的增加和污染的减少看起来是合意的结果。但是为了完全理解这些结果究竟多么让人满意,还有大量的工作需要进行。参与率的增加是否重要? 有多重要? 也许对一些人来说今天或者明天花掉这笔钱是更好的选择,而不是等到他们老了。他们具有即刻的需求,同时,预期到他们在年老时会更富裕。为评价这种参与率的增加,我们需要知道多少人从中获益,又有多少人

[①] 当然在福利效应和成本-收益分析的结果中会存在着某种脱节。我在这里考虑这种可能性。有关成本-收益分析的哲学基础的讨论见 Matthew D. Adler, *Well-being and Fair Distribution: Beyond the Cost-Benefit Analysis* (2012)(Adler 2011)。

产生了损失，以及获益或损失的程度如何。

同样，污染水平减少20％之后的死亡率和疾病率水平又如何？污染减少使得每年的过早死亡案例减少了1 000例、100例，还是10例？使用此类自动注册政策十分容易增加对绿色能源（例如风能和太阳能）的依赖（在大部分国家都被证实）。从这种意义上说，自动注册政策的效率很高。但有关福利结果的增加不太清楚。为了弄明白自动注册政策是不是一个好的方法，我们需要详细了解有关福利增加的问题。

我在前文提到，在美国和欧洲获得广泛支持的转基因食品的标签是一个不合理的系统2助推，即使它有效地影响了转基因食品的购买。理由是转基因食品并不存在健康风险，虽然目前没有清楚的证据表明这一点，但有一个强有力的证据表明，它也并不会带来环境风险。从这一方面来说，在很多情况下，调查问卷并没有提供给参与者一些关键信息。如我们所见，即使系统1助推的效率出奇地高，也会有很大一部分人不支持这种助推。即使人们具有了有关成本与收益的完备信息之后，这一情况很可能也不会发生改变。

最重要的一点是，初看起来，福利主义者并没有什么系统性的理由更偏好教育型助推或非教育型助推。成本和收益，特别是决策成本与错误成本，是他们作出抉择的决定性因素。一方面，教育型助推可能由于收益更高或者施行成本更低而成为最佳选择。另一方面，非教育型助推也可能由于更低的成本或者更高的收益而成为更好的选择。默认规则通常是最有效率的助推形式，它们的收益也往往高于成本。基于福利方面的考虑，政策制定者如何在系统 1 助推和系统 2 助推中作出选择可能是不可知的。他们需要进行实证检验去观察积极的以及消极的影响。

有合理的理由认为自动注册养老金计划的默认规则比理财教育更好地促进了储蓄，以及自动进行双面打印的设置可能比鼓励人们节约纸张的教育行动更好。基于福利方面的考虑，默认规则通常是最佳选择。这一观点表明，如果我们认为特定的结果与相关人群的利益相符，例如储蓄计划中更高的参与率以及更多使用双面打印，一个非教育型助推可能是更好的选择。

福利主义框架

我们可以将拉尔夫·赫特维希（Ralph Hertwig）的一些杰

出工作稍加改动，用不同的方法来约束这些抽象的主张。[①] 为了使问题更为清晰，考虑以下五点：

（1）如果当事人缺乏时间、能力、背景信息或者从教育型助推中获益的动力，非教育型助推可能更好。教育型助推的前提是，人们能够学习并利用他们发现的东西。在很多情况下，这一前提成立。但在科技领域或者某些相关人群并没有学习动机的领域，非教育型助推更有效。某些教育型助推仅仅是环境的干扰，人们很容易忽略它们，从而使得这类助推毫无用处。那些支持非教育型助推的人通常利用这一点攻击教育型助推。然而那些支持教育型助推的人认为通常或者在当事人在乎的情况下，人们具有学习的时间、能力、背景信息和动机。

（2）如果相关人群具有极高的多样性，同时非教育型助推无法适应这种多样性，教育型助推是最佳选择。假设人们具有不同的价值取向和目标，他们偏好的"方向"就会非常不清晰。没有类似 GPS 设备这样的东西能够对他们起作用。这样的情况下，任何非教育型助推（例如默认规则）都是不起作用的。当然，也存

[①] 高度说明性的讨论见 Ralph Hertwig, When To Consider Boosting: Some Rules for Policymakers, in *Behavioural Public Policy* (forthcoming 2017) (Hertwig 2017)。

在这种可能,那就是非教育型助推(例如默认规则)能够做到高度的个性化,并且能够适应并处理多样性问题。不同的子群体之间能够使用不同的默认规则。原则上来说,可以为群体中的每个个体分别制定一个默认规则。但是任何个性化设置都会给选择框架设计师带来巨大的信息收集负担,关键的问题是,他们是否能够应对这些负担?

(3)如果选择框架设计师缺乏选择何种默认规则的信息,或者任何非教育型助推都可能不起作用,那么教育型助推是最佳选择。假设一个私人或者公共规划者面对严重的信息不足,情况相当复杂和多样,他们并不知道什么是最好的选择。在某些情况下,规划者会完全意识到他们对首选结果的无知。在这种情况下,他们通常无法在非教育型助推中进行选择。仅仅告知人们相关信息,从而他们可以自行进行选择,可能是一个合理的做法。可以肯定的是,规划者本身的无知可能意味着他们为告知人们而进行的努力本身就存在着偏误。但是我们可以很容易地想象这样一种情况,规划者具有足够的信息告知参与者,但并没有足够的信息去选择合适的默认规则。

(4)如果教育型助推强迫当事人投入时间和精力去做那些他们觉得无聊的事,或者因为当事人没有足够的耐心,那么非教育型助推是最佳选择。基于福利方面的考虑，促进个人动因通常是一个好主意，因为人们更知道什么适合他们的喜好和价值取向。但如果一个教育型助推过度占用了人们的时间和精力，他们可能并不能从中获益。（本章将会详细讨论这个问题。）非教育型助推可能会减少决策负担（对选择者而言），如果非教育型助推提供给他们合意的结果，那么它会帮助人们将精力集中在他们关注的地方。

（5）如果非教育型助推存在引起严重的无法预料的副作用的风险，那么教育型助推可能更好，反之亦然。当然，对政策制定者而言，很难预料到所有的副作用。但在某些情况下，他们会意识到事情并不会向他们期望的方向发展。如果这样，那么选择一个能够降低未知负面影响的风险的助推可能更为合适。简单地说，政策制定者可能不知道哪种助推更可能无害。但如果某种框架具有引起不良后果的风险，则应当存在对此种框架的顾虑。例如，规划者并不知道哪种默认规则对医疗计划更为合理，他们可能会担忧，如果他们默认人们加入此种计划，可能会造成多种问题。一个允许自由选择的教育型助推可能是更好的做法。

同时，还有三个额外的思考。第一，有关福利的计算涉及助推本身的成本。在合理的情况下，非教育型助推的施行成本更低，也更为简单（例如它们仅仅涉及默认规则）。它们通常自动运行。一旦设置好默认规则，所有问题就都简单了。（对很多消费者来说，默认使用信用卡支付所有账单是最好的方式。）

第二，有必要考虑助推的长期影响。[①]试想一个教育型助推能够使人们学会一些重要的东西，并在生活中的很多方面具有积极作用。如果是这样，这一助推就具有额外的收益，这些收益可能是大量的，甚至能够改变生活。有关医疗选择的教育型助推能够在人们做很多选择的时候带来收益，同时也能够提升人们的统计素养。在没有经过深思熟虑的情况下，这些调查结果是否充分地抓住了这些要点是值得怀疑的，尽管有些当事人可能会注意到这些要点。

第三，需要强调的是，公职官员本身也存在他们自己的无知、偏见和动机。这一点引起了四个问题。第一个问题涉及公共选择理论：官员有关福利的评判可能会受到有权势的私人集

① 相关讨论见 Hunt Alcott & Todd Rogers, *The Short Run And Long Run Effects of Behavioural Interventions*, 18-22 (National Bureau of Economic Research, Working Paper No. 18492, 2012), http://www.nber.org/papers/w18492（表明社会规范只具有短期影响，除非能够在相当长的时期内提供信息，在这种情况下，社会规范具有长期影响）(Alcott and Rogers 2012)。

团的利益的影响。任何人都不应否认，在某些时刻和某些领域，由于这些权力集团的存在，官员的评判是扭曲的。可以确定的是，助推的优势在于，它保留了人们的选择自由，但助推和命令一样也会受到某些利益集团施加的压力的影响。转基因食品的强制标签就是一个明显的例子。

第二个问题是，公职官员可能有考虑公共支持率和再度当选的动机。有时这种动机会使得他们追求公众利益，但并不总是这样。有时候自私自利和自我膨胀都可能引起严重的错误。

第三个问题涉及不完全信息。政府面临着普遍的认知问题，弗里德里希·哈耶克（Friedrich Hayek）反复强调这一点。他们缺乏成千上万个离散个体所掌握的信息。需要再次强调的是，维护自由选择权是十分重要的，因为人们可以按照自己的想法行动。但存在疏忽的助推可能比不使用助推更糟糕。

第四个问题是，即使存在着良好的动机，政府官员也是人，因此政府官员也会同普通人一样受到偏见的影响。

公共选择行为

基于上一节，我们可以进行更深入的讨论。公共选择行为理论是对公共行为领域的补充，这一领域主要研究了公共机构是如何犯下了行为学家强调的那些错误的。我们假设在政府行为中系统2决策占主要优势，因为政府雇佣了相当多的人来计算各种可能的行为结果，这使得系统2在决策中占据了首要位置。一大批政府智囊，包括经济学、自然科学和法律方面的专家，他们的一大贡献就是能够帮助政府克服那些可能会影响公共部门与私人部门判断的错误。例如，美国在公布代价高昂的法规前，要进行成本-收益分析，而系统2依赖于这样的分析，它可以检查并约束情绪和直觉。你甚至可以认为成本-收益分析对公共部门来说是一种教育型助推。

尽管如此，公共领域也无法回避系统1。如果政府官员受制于公众的评判和想法，例如他们需要竞选和连任，他们会关心那些公众关心的问题。在很多方面，这是一件好事，这是民主自治规则的重要部分。但是，如果公众关心的问题来自行为偏误，那么政府官员的反应同样会被这些偏误影响。即使官员能够在某些程度上隔绝公众关切的影响，但是他们是人这一事实本身就可能导致他们犯错误。

例如，毫无疑问地，在行为学领域人们反复强调"易得性偏差"，这一偏差在公共领域中扮演着重要角色。一些最近发生的悲剧可能会使人们高估风险，而类似事件的缺席也许会使人们忽视真正的问题，因为近期并没有任何悲剧提醒人们这一问题的存在。政府很难避免"易得性偏差"，如果最近产生了较坏的后果，那么这一后果会相当突出，并影响最终的决策。实际上，政府会受到一些预期易得性偏差的影响。政府对于糟糕后果以及它们在这样的后果中受到的责难的预期会影响他们的判断。自利的私人团体可以通过不断地引起政府对糟糕后果的注意来加重这一问题。（或者通过不断使得政府忽略可能发生的糟糕后果来助长政府的自满。）

或者考虑不切实际的乐观情绪。如果选民具有不切实际的乐观情绪，他们的领导者很可能也会如此。一个结果可能是：那些具有良好动机的计划，比如教育计划和经济计划，最终会失败。毫无疑问地，不切实际的乐观情绪会导致多个领域的政策失误。它绝对会引起不合理的助推，这种情况下，无论是教育型助推还是非教育型助推都可能有害或者无用。

为进一步探寻，公共选择行为理论需要详细分析这些问题。根据前文的讨论我们能够得出一个核心结论：所有个人可能会出现的行为偏误都能够在公共领域伴随出现。如果牢记这一结论，我们也许会偏好教育型助推，起码它们告知了人们真相。

同时，运作良好的政府应当有包括成本-收益分析在内的多重保障，以减少错误风险，同时明确技术专家的职责。这再次证实了基于福利方面的考虑，并没有系统性的理由偏好系统 1 助推或系统 2 助推。

动因与自主权

假设我们不是福利主义者，而且我们坚持认为人类应当被当作目的而并非手段。假设我们认为出于自主权的原因，人们应当是积极当事人，同时毫无疑问地应当对影响他们的结果负责。如同某些哲学家强调的那样，人类应当是自己人生的书写者。教育型助推和非教育型助推的一大优势是，它们完全保留了人们自我管理的能力，但即使如此，它们也会被有差别地评价。

可以肯定的是，自我管理这个概念本身就存在很多模糊不清的地方，而且在某种程度上，它有点疯狂。当然这一问题不能单纯从字面上进行理解。任何人生轨迹都不可避免地会受到偶发事件、意外、社会和某种形式的强迫的影响。如我们所见，假设某些无关因素影响了人们的选择，但人们通常意识不到这一点。即使我们十分渴望成为自己人生的书写者，但核心章节超出了我们的控制，我们也并没有真正书写自己的人生。包括最复杂的情况在内，我们依旧能够理解这里的核心直觉。人们应当受到尊重，而并非被当作是选择框架设计师计划的目标，即使他们仅仅是一个善良的助推者。回忆沃尔德伦的请求，人们应当被塑造为更好的选择者，而不是被选择框架设计师引导到对他们有利的结果处。沃尔德伦从自主权的角度支持教育型助推、反对非教育型助推。

即使自动注册等政策从某些方面提升了人们的福利，但使人们获得更多的信息并自由作出选择是更为尊重他们的手段，从而也成为最佳手段，此类有关自主权的讨论加强了这样的判断。[1] 也许任何形式的家长式管理都是错误的，即使是那些保留了一定选择的家长式管理，因为它损害了人们的自我动因的能力。也许这是某种形式的不尊重。[2] 为什么不能教育人们，而要使他们自动加入某些政府认为符合他们利益的项目呢？

---

[1] C. f. Nicolas Cornell, A Third Theory of Paternalism, 113 *Michigan Law Review* 1295，1308 n. 43，1336 (2015)（认为家长制管理表现出了不尊重）（Cornell 2015）。

[2] Id. 一个有力的回应是，他认为当政府是基于对人们能力的准确了解而采取行动时，家长制管理并不是不尊重。见 Sarah Conly, *Against Autonomy* (2012) (Conly 2012)。

　　这一问题可以从不同的角度进行回答。使人们摆脱他们不想面对的负担并非不尊重他们。手机或者电脑上的默认设置并没有损害你的自我动因的能力。它们并没有把你当作是目标或者达到某种目的的手段。我们很难在 GPS 设备中找到某种道德错误。尽管非教育型助推涉及某些框架的使用，但它们也不必不尊重参与者，显然，人们在经过谨慎思考后会欢迎这些助推。

　　可以肯定的是，学习确实相当重要，从自主权方面来说，这一点可能支持教育型助推。一个问题是，为何学习? 学习如何在城市街道中使用导航可能并不是特别重要，因此 GPS 设备并没有损害自主权。但如果某些问题涉及参与者的职业选择，或者在哪里生活，那么通常教育型的系统 2 助推看起来是最好的、也是非常重要的选择。

　　那些对福利和自主权具有不同看法，并认为其中某项具有更高优先级的人，在不同情况下具有不同的判断。一些人会坚持认为需要进行利益取舍，也有另一部分人持不同观点。很多人会更加重视福利: 哪种手段具有最高的净收益? 有些人认为从福利的角度看，某些自动注册的计划显然更好，而对参与者进行教育不是必要的，也不一定是更好的办法。但如果认为个人动因比较重要，有些人就会坚持认为，政府必须肩负起教育参与者的责任。一部分关注动因的人会强烈支持教育型助推，并要求对更高的净收益作出更有力的说明。仍有一些人认为，在某些情况下，很难找到有关非教育型助推的此类说明。我们同样需要假设相关信念具有连续性。这样的连续性同本书中的调查结果相符。

但是这里有一个更为基础的观点。我强调了由于人们具有有限的时间和注意力，让他们面对大量信息，并强迫他们作出选择，并不总是表达尊重的方式。正如我们在细节中发现的，给人们提供达到某种目的的简单方法并不是对动因和自主权的侮辱。如果人们并不想获得有关退休计划的知识，或者并不关心涉及他们潜在债务的技术性问题，他们很难感觉到默认规则是对他们的不尊重。后面我们将继续探索其确切原因。

参考文献

Adler，Matthew D. 2011. *Well-Being and Fair Distribution：Beyond Cost-Benefit Analysis*. Oxford：Oxford University Press.

Alcott，Hunt，and Todd Rogers. 2012. The Short-Run and Long-Run Effects of Behavioral Interventions，18 - 22. National Bureau of Economic Research，Working Paper No. 18492. http：//www. nber. org/papers/w18492.

Conly，Sarah. 2012. *Against Autonomy：Justifying Coercive Pater-*

nalism. New York: Cambridge University Press.

Cornell, Nicolas. 2015. A Third Theory of Paternalism. *Michigan Law Review*, 113: 1295.

Galle, Brian. 2014. Tax, Command … or Nudge? Evaluating the New Regulation. *Texas Law Review* 92 (4): 837 – 894.

Goldin, Jacob, and Nicholas Lawson. 2016. Defaults, Mandates, and Taxes: Policy Design with Active and Passive Decision-Makers. *American Law and Economics Review* 18: 438. https://www-cdn. law. stanford. edu/wp-content/uploads/2016/06/Goldin-and-Lawson-6-1-16. pdf.

Hertwig, Ralph. Forthcoming 2017. When to Consider Boosting: Some Rules for Policymakers. In *Behavioural Public Policy*.

Sunstein, Cass R. Forthcoming 2017. On Mandatory Labeling, with Special Reference to Genetically Modified Food. *University of Pennsylvania Law Review*.

第五章 "你想让我选哪条路？" 强制选择的家长制模式

　　强迫人们进行选择属于家长制管理。尽管很多人坚持在积极选择和家长制管理之间划一条清晰的界线，但这一界线通常是虚假的。如果人们可以选择支持某种默认规则并放弃选择（从这个角度说，他们没有进行选择），那么要求积极选择也是自由主义的家长制管理的一种形式。相反地，只要人们被要求进行选择，那么积极选择就是非自由的家长制管理的一种形式。这些观点在很多法律和政策问题上造成了影响，并表明那些支持并坚持积极选择的人也许会凌驾于他们的偏好之上，也因此违背了约翰·斯图亚特·穆勒的有害原则（不论好坏）。

当你在大城市乘坐一辆出租车，并要求前往机场时，司机可能会问你这样一个问题：你想走哪条路？

如果你同大多数人一样，那么你并不喜欢这个问题，甚至可能会讨厌这个问题。毕竟怎么把你带去机场是司机应该关心的问题，并且任何情况下司机几乎都可以使用 GPS 设备。对你而言，问你怎么走是一种精神和认知负担（因为需要思考），可能也是不快乐的（因为思考怎么去机场确实不令人愉悦）。当然，这一负担可能相当小，但却很可能不受欢迎。

接下来思考以下三个问题：

（1）一个私企要在以下三个选项中作出抉择：1）为雇员自动注册某个健康保险计划；2）让雇员自动加入某个健康保险计划；3）作为入职的一个条件，要求雇员表明他们是否需要健康保险，如果需要，选择何种计划。

（2）一个在线书商考虑是否采用某个默认隐私设置系统，或者作为进入该网站的一个条件，要求首次访问者表明他们偏好哪种隐私设置。

（3）一家水电公司考虑是将消费者纳入某项"绿色默认计划"，使用某种较贵但是环境友好的能源，还是纳入"灰色默认

计划"，使用某种较低廉但是环境不友好的能源，或者询问消费
者他们偏好哪种能源。

在这几个案例以及其他不计其数的案例中，一个公共或私
人机构，或者个人正在决定是使用某种默认规则还是要求人们
进行积极选择（关于"要求"一词在这种设置中的可能含义，
下面我还会详述）。对那些反对家长制管理并赞成选择自由的人
来说，积极选择具有明显的吸引力。实际上，自由选择似乎比
任何默认规则都受欢迎。它尊重个人动因，提升了责任感，它
要求行使个人自由。很多人认为积极选择值得被放在首位，特
别是当它通过提供信息、增强人们的统计学素养等方式提升或
改善了人们的能力时。简言之，最佳手段应当能够加强系统 2，
而非忽视它，或者单纯地利用系统 1。

有观点认为，从福利以及自主权的角度来说，积极选择是
可取的，即使人们有犯错的倾向。人们能够从自己的错误中学
习，这一点相当重要。从这一点来讲，人们应当被要求或允许
进行选择，无论他们是否会作出正确的选择。从各方面来说，
有关家长制管理和积极选择之间的对立似乎是显而易见的，而
且它确实有助于界定现有的所有分歧。

本章的核心目标是打破这种对立，并说明这种争论通常是

虚假的。在很多情况下，坚持积极选择或者强迫人们进行选择都属于家长制管理的某种形式，而非家长制管理的替代品。在合理的假设中，任何要求积极选择的努力都能够符合家长制管理的标准定义，并且同大部分传统的有关家长制的反对意见矛盾。其主要理由是，许多人选择不进行选择。[①] 有时他们清楚地作出了这样的选择（并且愿意为那些帮助他们进行选择的人付出可观的报酬）。他们积极地选择了放弃选择。

有时人们没有作出明确的选择，他们没有进行任何积极的选择。尽管如此，我们仍有理由推断他们的偏好是不进行选择，如果询问他们，他们也会这么说。（回忆一下打车去机场的案例）他们也许担心自己可能会犯错。他们也许很忙，并缺乏"带宽"。他们也许希望关注某些他们关心的问题，而不是其他问题；他们也许认为选择会剥夺他们想要忽视某些问题的自由。

[①] 一个重要的说明：我的关注点并非完全不进行选择的"不选择"，这与选择不进行选择不同，在选择的意义上，某些人为自己作出选择。某人可能由于拖延或者想要保留选择价值而不进行选择。见 Ziv Carmon et al., Option Attachment: When Deliberating Makes Choosing Feel Like Losing, 30 *J. Const. Res.* 15 (2003)。当然，这两种现象会发生重合：人们也许会因为他们很忙、不想负责或认为他们会犯错而拒绝选择。但选择不进行选择也是一种选择，那些想要避免选择的人可能会像反对其他选择那样反对这一选择（Carmon et al. 2003）。

他们也许意识到了他们在某方面的无知①或他们自己的行为偏误（例如不切实际的乐观）。他们也许发现潜在问题会在经验上、道德上或者其他方面带来困惑、痛苦或者麻烦。他们也许并不享受选择。他们也许并不想承担他们自己可能带来的不好后果（至少不想间接地为他人承担）。②他们也许预见到了他们的悔恨情绪，并设法避免它。

　　但即使人们偏好不进行选择，很多私人或公共机构仍然支持并提倡积极选择，因为这有利于人们去选择。有时，积极选择是克服集体行动问题的一种方式，但有时它也是保护那些选择不进行选择的人们免于受到自己失误的损害的一种手段。这里的核心观点是：人们应当进行选择，即使他们并不想这么做。

---

　　① 缺乏信息对弃权的影响，见 Tom Coupe & Abdul Noury, Choosing not to Choose: On the Link Between Information and Abstention, 84 *Econ. Letters* 261 (2004) (Coupe and Noury 2004)。

　　② 详细说明，见 Bjorn Bartling & Urs Fischbacher, Shifting the Blame: On Delegation and Responsibility, 79 *Rev. Econ. Stud.* 67 (2012). 人们偏好于利用掷硬币逃避责任，见 Nadja Dwengler et al., Flipping A Coin, Theory and Evidence (2013) (未发表)。考虑这一结论："决策的认知和情感成本也许会高估作出最优决策的收益。例如，决策者在没有足够的时间和精力思考的时候，也许会倾向于不进行选择。又或者，她可能认为自己没有能力作出选择，又或者她可能预测到会对自己的选择失望，而这种失望是由一系列不确定性的结果引起的。在这样的情况下，放弃部分或全部选择可能是合意的，尽管这一行为会增加引起次优结果的可能性。" Id. at 1 (Bartling and Fischbacher 2012, Dwengler et al. 2013)。

一个公共机构可能认为选择的过程锻炼了某些能力,这种能力能够帮助人们进行学习。如果说公共机构对于积极选择的偏好超过了选择者(那些不愿意选择的人)的偏好,那么此时的积极选择也属于家长制管理。它凌驾在人们认为什么是好的,或者什么最大程度地提升了福利和自由的评判之上。

可以肯定的是,保姆式国家禁止人们进行选择,同时也禁止人们选择放弃选择。鼓励选择或者要求选择的家长制管理也许是家长制管理中比较具有吸引力的模式。但它们都不是矛盾修辞法,它们依然属于家长制管理。

如果要求人们在他们不愿意作出选择的时候依然进行选择,那么积极选择应该属于非自由家长制管理中的一种,因为人们的个人选择遭到了拒绝。我们会看到,在很多情况下,那些支持积极选择的人实质上是命令人们进行选择,并可能压倒了(从家长制管理的角度)人们渴望不进行选择的意愿。当人们偏好放弃选择时,要求选择是某种形式的强迫——尽管积极选择是正确的形式,至少在它不会增加犯错的可能性和范围的情况下,和在它能使人们学习并发展他们自己的偏好和价值观的情况下。

与此相反,如果人们仅仅是被助推着作出选择,并能够从积极选择中退出（例如默认规则），则积极选择能够被看成是自由的家长制管理。在某些情况下，这是相当吸引人的形式。一个公司也许会询问用户是否愿意选择他们电脑上的隐私设置，但同时允许他们依赖默认设置；或者询问消费者是否愿意选择电力供应商，但同样允许他们依赖默认设置。

实际上一个选择框架设计师可能完全不会助推。他可能会在积极选择和默认规则之间坚持积极选择。他也许仅仅询问：你想要哪个？当使用这种手段时，人们被要求在默认规则和个人偏好之间作出积极选择。从这个意义上说，人们的动因没有受到任何损害。我们将此称为简化的积极选择。简化的积极选择的优势是避免了来自默认规则的压力，同时也允许人们选择他们喜欢的规则。未来我们希望，也将会看到，不管是在公共机构还是私人机构，这样的方法能够被广泛应用。

然而，相当重要的一点是，一旦私人或公共机构要求人们进行选择，人们选择放弃选择的意愿就可能受到损害，从这一角度来说，这就构成了某种形式的家长制管理。这一点在即使询问过人们他们是否想要进行选择时依然成立。毕竟他们也许并不想进行这种次优选择（也因此偏好一个简单的默认规则）。在这种情况下，要求人们在积极选择和默认规则之间作出选择的保护自由的方法可能依然属于（弱的）家长制管理。如果这些说法看起来不是自证的，或者有些刺耳的话，也许是因为积极选择的概念是如此的让人熟悉且具有吸引力，以至人们忽略了它的本质：积极选择是一种选择框架，并且可能是一种很多选择者不喜欢的选择框架，至少在那些框架设置相当陌生或复杂的情况下如此。

控制的内在价值

在商业行为、政府决策或者日常生活中，人们面临着一个普遍的选择：是自己作出选择，还是将选择的权利交给他人? 例如投资时你既可以依赖自己的判断，也可以选择一个可信的代理人。雇员也许可以自己选择医疗保险计划，或者要求雇主或州政府作出相关选择。病人和委托人在面对医生和律师时，可能面临着相同的困境。一方面，任何一个委托人都可以依赖或者任命一个代理人，这个代理人可能有更专业的知识，可能不受各种偏见的影响，也可能能够免除委托人在作出艰难的选择时，投入稀缺的时间和有限的认知资源的义务。另一方面，代理人可能知识不足，或者忽略了委托人的真实意图，或者有

135

自己的某些偏见，或者被自己的利益影响。在很多情况下，我们可以将公民看作委托人，而将政府看作代理人，公民能够决定交出选择的权利，或者甚至交出选择助推的权利。①

从理论上讲，根据某些成本-收益分析，是否进行选择或者交出选择的权利，应当是一个完全理性的决定。选择者也许从期望值的角度进行考虑：交出权利是否会获得更高的收益？他们也许会考虑节约有限的时间和精力带来的价值。如果这种节约相当可观，选择者也许在考虑到期望价值之后会选择牺牲某些东西。同时选择本身的成本和收益也相当重要，选择者可能享受或者厌恶他们在选择过程中花费的时间。对于一些人而言，思考最佳投资组合或者正确的医疗保险计划的过程可能是相当有趣的。但对另一些人来说，这种选择是不愉快且辛苦的，是某种形式的享乐税，如果别人能够代替他们作出选择，这将是一种巨大的解脱。

如果是他们自己对结果负责，那么选择者也许还要考虑回报带来的快乐和损失带来的痛苦是被放大了还是缩小了。研究表明，相较于那些为人们选择好的特定项目，人们更看重那些

---

① 见 Oren Bar-Gill and Cass R. Sunstein, Regulation as Delegation, 7 *J. Legal Analysis* 1（2015）（Bar-Gill and Sunstein 2015）。

自己选择的项目。① 从这个角度来看,我们可以考虑一下选择者更喜欢以下哪种情况: (1) 通过自己的努力得到 100 美元; (2) 依靠他人的努力得到 110 美元。人们认为通过的自己努力得到的 100 美元比通过代理人得到的 110 美元的主观价值更高。

同这个推断一致,与那些不允许进一步选择的选项相比,人们更喜欢那些允许进一步选择的选项。② 类似地,当人们面对潜在的收益时,更愿意自己付出努力去获得收益,而非交出这种权利——控制优先。③ 当面对不受欢迎的结果时④,控制感也能够降低压力和焦虑水平。⑤ 由于这个原因,做选择可能能够降低损失带来的负面福利影响,使得人们更偏好代理,而不

---

① 见 Tali Sharot et al., How Choice Reveals and Sharps Expected Hedonic Outcome, 29 *The Journal of Behavioral Decision Making* 297 (2003) (Bown et al. 2003)。

② N. J. Brown et al. , The Lure of Choice, 16 *Journal of Behavioral Decision Making* 297 (2003) (Brown et al. 2003)。

③ 见 David Owens, et al. , The Control Premium: A Preference for Payoff Autonomy, 6 *American Economic Journal: Microeconomics* 138-161 (2014), http://doi. org/10. 1257/mic. 6. 4. 138 (Owens et al. 2014)。

④ S. C. Tompson, Illusions of Control: How We Overestimate Our Personal Influence, 8 *Current Directions in Psychological Science* 187-190 (1999), http://doi. org/10. 1111/1467-8721. 00044 (Tompson 1999)。

⑤ 见 David Owens, et al. , The Control Premium: A Preference for Payoff Autonomy, 6 *American Economic Journal: Microeconomics* 138-161 (2014), http://doi. org/10. 1257/mic. 6. 4. 138 (Owens et al. 2014)。

是委托。

同塔里·沙罗（Tali Sharot）和塞巴斯蒂安·博瓦迪利亚-苏亚雷斯（Sebastian Bobadilla-Suarez）一起，我们检验了人们对成为被试的支付意愿。[①] 在每项实验中，我们都要求参与者在两个选项组块中作出选择，以使其收益最大化和损失最小化。在"收益实验"中，正确的选择会得到收益，而错误的选择没有收益。在"损失实验"中，正确的选择没有损失，而错误的选择会有损失。在独立完成了较长时间的测试之后，被试有机会将选择的权利交给顾问。顾问在每项实验中得到的期望收益是公开的，同时，被试对于期望收益的看法也是公开的。这使得我们能够检测，当被试面临潜在的收益和损失时，是否根据他们的信念作出了"理性的"委托选择。

我们的核心发现十分简单：被试愿意为获得个人收益的控制权而放弃收益。这种偏好并不仅仅出现在被试面对潜在收益时，同时也出现在他们面临潜在损失时。重要的是我们的发现使被试能够准确地评估交出选择权的最（次）优性，

---

① SebastianBobadilla-Suarez et al.，Are Chooser Losers? The Propensity to Under-Delegate in the Face of Potential Gains and Loses（未发表 2016），http：//papers. ssrn. com/sol3/papers. cfm? abstract _ id＝2733142（Bodadilla-Suarez 2016）。

这表明他们完全了解为把握控制权而付出的代价。

我们猜测这种行为反映了通过选择来表现的非货币性的控制的内在价值。控制的内在价值也许由几个原因导致。最重要的可能与穆勒关于自由的观点有关,与他人为我们作出的选择相比,我们自己作出选择的结果通常更符合我们的偏好和需求。另外一个可能的合理解释是,某个生物系统在我们自己获得某些成果时能够给出更高的内部激励。如果我们了解到某个行动能够带来回报,我们可以在未来重复这一行动以获得更多相同的回报。但如果我们没有采取任何行动去获得收益(或避免损失),我们就失去了获得如何在未来再次获得收益(或避免损失)的"蓝图"的机会。因此,我们自己获得结果的价值既在于它本身的价值,也在于它为我们未来的选择提供了信息。

对于某些决策,人们愿意为控制权付出额外的代价,这显示了人们想要自己作出选择。当出租车司机询问乘客偏好的行驶路线时,他们可能知道一些控制的内在价值和大部分乘客的重要信息,或者他们非常错误地概括了人们在其他领域的需求。人们确实在乎动因并想保留它。

我认为在人们对教育型助推的偏好和控制权的溢价的存在之间有着紧密的联系。但同样真实的是,对一些决策,人们不太在乎控制权，但是对另一些决策，人们相当在意控制权。控制可以被视作一种成本而非收益。让我们看一看在理论和实践中控制权的溢价与放弃选择的选择之间是如何交互作用的。

选择的多样性

许多积极选择的拥护者认为产品和服务的消费者，以及各种各样的当事人，都不应受到政府的影响。他们当然认识到在市场中，生产者带来了多样的影响，他们也没有忽视有限信息和行为偏误的问题。但他们坚持认为当第三方没有受到影响，以及不涉及权力和欺诈时，政府应当保持中立。他们反对政府的家长制管理。也许政府部门要求提供准确信息是合理的做法，因为这样可以确保消费者得到足够的信息。但如果政府试图利用默认规则或者任何形式的家长制管理，推动人们朝着它们喜欢的方向前进，政府就超越了它合适的权力范围。

三种可能

但是积极选择是必要的吗？"要求"人们表明自己的偏好意味着什么？这个问题比它看起来的要复杂得多。那些坚持认为无法避免默认规则的人并不认为这一问题没有明确的答案。即使选择框架设计师希望推动积极选择，他们也必须明确，如果人们简单地拒绝选择，那么之后会发生什么？答案会是某种默认规则吗？

这是一个有价值的问题，因为某些形式的默认规则最终是有必要的。选择框架设计师必须知道当人们拒绝作出选择时应当怎么做，这是助推的反对者经常忽略的问题。选择框架本身是无法避免的。但我们依旧需要明确三种需要积极选择的方式。我们将它们称为直接惩罚、杠杆化和常规市场制度；其中，每一种都有其自身的复杂性。只有政府能够使用直接惩罚，而杠杆化和常规市场制度可以运用在私人领域和公共领域。

（1）直接惩罚。

在很多情况下，没有人主张，如果人们没能作出选择，他们就应当面临牢狱之灾，接受罚款，或者面临其他惩罚。没能作出选择的惩罚通常是未能获得某种产品或服务（见（2）和（3）），但也有例外。在一些国家，包括澳大利亚、比利时和1970年以前的荷兰，如果人们没有参与投票就必须接受民事制裁，从这个意义上说，他们可能会因为拒绝积极选择而受到惩罚。同样地，《平价医疗法》要求人们选择合适的医疗保险，如果他们没能这么做，就会受到惩罚（以税收罚款的形式）。

从积极选择的角度来说，这两个例子都存在一些小问题：人们被强制要求在某一维度上进行选择（投票给谁或者选择哪种医疗保险），但被禁止在另一个维度上进行选择（是否投票或者是否加入医疗保险计划）。但只要要求人们进行某一类型的选择，我们就可以认为这是强制选择。在这些案例中，强制选择可以被认为是用来克服集体行动问题的手段：除非大部分或者所有成年人都进行投票，否则民主制度将受到损害，而且医疗保险系统需要大部分人参与，以避免经济损失。但是我们从简单家长制管理的角度就能够轻易否定这两种强制手段。

我们也可以想象其他一些由于未进行选择而遭到惩罚的例子，尽管大部分这样的案例看起来更像科幻小说而非现实生活。举一个极端的例子，假设人们必须选择是否成为器官捐献者（否则就会面临罚款），或必须在他们的电脑上选择隐私设置（否则就会面临民事制裁）。事实是那些选择在这类问题上不进行选择的人们很少受到惩罚，这说明在自由社会中这种选择被广泛地接受，而且确实是消费者权益的合法部分。另一个理由涉及信息：人们非常了解他们需要什么，别人并不应当替他们作出选择，即使这个选择是不进行选择。

(2) 杠杆化。

在某些情况下,选择框架设计师要求人们在相关或附属的问题上作出积极选择,并以此作为获得某项商品或服务(或工作)的条件。这种情况就使用了杠杆化手段。积极选择是一种命令,但是一种特殊形式的命令:除非人们在某些问题上作出积极选择,否则他们将无法获得这一产品或服务,即使这种产品或者服务从狭义上来讲并非他们进行选择的主题。

我们认为在此问题中所有事物之间都存在紧密的联系,人们作出某项积极选择后,才能选择特定的产品。如果人们被告知,他们必须就汽车保险问题明确作出偏好选择,否则他们就无法租车,那么这二者之间的联系是紧密的。同样,如果人们被告知,他们必须设置密码或表明他们关于隐私设置的偏好,否则他们将无法使用自己的电脑,那么这二者之间的联系也是紧密的。实际上,这两个问题都属于标准情况。在市场中,销售商有时要求购买者在某些同产品紧密相关的问题上作出积极选择,以获得或使用某种产品。

相反地,如果人们被告知,只有表明对养老计划的偏好后,才能为某个特定的雇主工作,那么这二者之间的联系是比较微弱的。同样,如果人们被告知,只有在表达他们是否愿意捐赠器官的意愿后才能拿到驾照，这二者之间的联系也是微弱的。如果人们被告知，除非他们在电脑上选择了他们偏好的隐私设置，否则他们不能进行投票，这二者之间的联系更为微弱。

在最后两个例子中，人们被要求进行选择的事情与他们寻求的产品之间的联系并不紧密。在某些情况下，选择框架设计师仅在确实紧密联系的问题上要求积极选择。值得注意的是，在可以想象到的属于这一类的案例中，积极选择的要求具有强烈的强制性，因为这一问题涉及的产品是人们很难拒绝的（例如驾照、工作和选举权）。选择框架设计师通过这样的手段使产品杠杆化，以保证在其他一些问题上的积极选择。

为规范这一观点，我们需要区分私人机构和公共机构。也许对于那些被市场力量驱使的私人机构来说，他们可以同使用其他手段一样使用杠杆化手段。但对于政府部门而言，他们需要在要求人们进行选择之前进行谨慎思考，除非被考虑的产品或服务和进行积极选择的事情之间存在着紧密的联系。

（3）常规市场制度。

在很多市场中，在产品、服务与工作之中的积极选择是获得某项产品、服务或者某项工作的条件。常规市场中的消费选择通常是人们得到一个选择的范围，他们可以选择一个或多个，或者一个都不选。只有当他们作出选择时，才会得到某项产品或者服务。他们不会被默认购买平板电脑、手机、鞋子和鱼钩。

实际上，这就是自由市场运行的方式。当人们浏览网站、走进一家餐厅或者果蔬市场或者应用商店时，他们总是被要求作出积极选择。当他们什么都不做时会发生什么的默认设置是他们什么也不会买。只有人们积极地选择了它们，人们才会得到这个产品或服务。同样的观点也适用于劳动力市场。人们不会被默认参加某项特定的工作，至少在任何正式的场合都不会。除非他们选择了某项工作，否则他们就会失业。从这个角度来说，自由市场通常需要积极选择。

这种情况并不是不可避免的。我们可以想象这样一个情形：售货员假设人们需要某种产品，而买家在购买这种产品后，不得不被动地为之付费。例如，假设一个书商具有充分的信息认为约翰逊会购买任何哈兰·科本、赛勒或者欧茨的新书（都是极好的选择），或者史密斯会购买某种新版本的平板电脑，又或者拜厄特会购买某双运动鞋，又或者威廉的牙膏用完了，他一定会买相同品牌的新牙膏。如果售货员的判断是准确或者基本准确的，那么这种相关产品的默认购买是不合意的还是会带来极大的收益？现在的技术正在不断地提出这样的问题。

要求积极选择的强有力的理由是，由于可信赖的预测购物算法还没有出现，因此积极选择是防止错误购买的不可或缺的保障，也为了防止购买的商品并不是名义上的买家（根据默认设置）真正需要的。在这种观点下，积极选择的观点根植于为了防止错误而进行的有效保护，这意味着当技术足够可靠时，存在一种"被动购买"的可能性。只要这样的技术不存在，被动购买就不能被接受。但是还有一个关于控制的内在价值的观点：人们希望成为积极的代理人，并且愿意为把握代理权而牺牲某些东西。一个有价值的问题是：当此类算法的精度不断提升时，人们是否愿意放弃（积极的）控制权？可以肯定的是，至少作为一种假设，人们并不喜欢这个主意，即他们可能会依靠默认设置进行购物。①

的确，市场需要有关权利的背景设置，在人们进行选择之前，确定人们有什么以及没有什么；背景权利是给定的，而非选择的结果，它们也许反映了某种家长制管理。例如，人们可能会拥有某种免除年龄歧视的"默认权利"，他们可以以某种代价放弃这种权利。此类权利中的某一些（例如免于种族或性别歧视的权利）是不可放弃的。因为人们的偏好可能会受到背景

① 证据见 Cass R. Sunstein, *Choosing not to Choose*（2015）（Sunstein 2015）。

权利的影响①,只要某些个体或机构作出此类选择,就很难或不可避免某种形式的家长制管理。如果人们的偏好是此类权利的衍生品,我们就无法通过询问偏好来进行权利的选择。但在合理的背景权利下,人们通常不会获得某种产品和服务,除非他们进行了积极的选择(不考虑礼物的问题)。

在这种情况下,积极选择是自由市场的核心,同时也是自由本身。

选择者们选择什么?

如前所述,私人机构和公共机构都能够使用杠杆化手段和常规市场制度手段,但只有政府部门能够使用直接惩罚手段。需要明确的是,积极选择并非必需的手段。某些机构可能会使用默认规则来明确,当人们什么都不做时会发生什么,而不是强制实行积极选择。

例如,那些拿到驾照的人会被默认设置为器官捐献者,或

① 见 Keith M. Marzilla Ericson & Andrew Fuster,*The Endowment Effect*(Nat'l Bureau of Econ. Research,Working Paper No. 19384,2013),www. nber. org/papers/w19384 (Marzilla Ericson and Fuster 2013)。

者那些刚为某个雇主工作的劳动者会被默认加入某项特定的养老保险或医疗保险计划，或者那些为购买某种商品作出积极选择的人，例如买了某本书或者订阅了某种杂志，也许会被自动加入某项基于预测的计划，他们会继续收到相似的产品，不管他们是否作出了积极选择。每月图书俱乐部就是使用此种策略的著名例证。那些选择了某种信用卡的用户也许会被自动加入多项计划中，包括超额支付保护，甚至是多种保险计划（美联储禁止银行使用自动超额支付保护计划）。

购买过程中的积极选择也许能够触发某项与产品无关的默认规则。例如，在购买某本书的过程中产生了自动加入某项医疗保险计划的默认规则，或者在进行有关医疗保险计划的积极选择时默认加入了某个读书俱乐部。这些都是公认的极端事例，并且在信息披露不足的情况下，这种手段可能被看作是一种欺诈形式。但我们同样能够想到一些确实追踪了人们偏好的手段。例如，假设某个私人机构了解到，购买了产品 X 的人（例如某种特定音乐）也倾向于购买产品 Y（例如某种书籍）。多种形式的建议、广告的默认推送、政治观点的默认展示以及（更具有争议的）商品的默认购买也许是受欢迎的，并且符合人们的利益，尽管某些联系看起来并不常见。例如，潘多拉（Pandora）

网站追踪人们的音乐偏好,并从中推断人们关于其他事物的可能偏好和评价,甚至包括政治观点。

注意到有些人确实喜欢控制,而另一些人确实不喜欢控制,私人机构和公共机构也许会简单地询问人们究竟想要什么。消费者也许会遇到这样的问题:你是否愿意选择你的手机设置,或者你希望使用对大多数人(或者对像你这样的人)而言最佳的默认设置?你是否愿意选择你的医疗保险计划,或者你想默认加入最适合你这类人群的计划?在这种情况下,许多人也许会由于次优意愿不想作出选择,而选择支持默认规则并放弃选择的权利。他们也许不信任自己的评判,他们也许不想进行学习。这种议题也许使他们感到焦虑,他们也许有更好的事情要做。

我们可以想象有关这一主题的变化。人们也许会被助推着进行积极选择,但也允许他们遵从某项默认规则;人们也许会被助推着遵从某项默认规则,但也允许他们进行积极选择。或者他们被要求在积极选择和默认规则之间作出积极选择。简单积极选择,即将默认规则作为备选项的积极选择,是相当合理且吸引人的,并不仅仅是因为其避免了默认规则可能带来的某些问题,也因为它表现出了对动因和自主权的高度尊重,同时也赋予了人们选择默认规则的能力。例如手机设置和医疗保险计划，积极的选择者能够积极选择他们喜欢的设置，而其他人能够（积极地）选择默认规则。

然而，注意到此类手段并非完美的解决方案，至少对于那些根本不想进行选择的人而言不是。毕竟，他们确实被要求进行选择。至少其中某些人不想在积极选择与默认规则之间进行选择，因此他们在二者之间更偏好默认规则。由于积极选择需要花费时间和精力，并产生了某些成本，很多人可能并不想花费精力进行积极选择。从这个角度来说，在积极选择和默认规则之间作出积极选择也许是不受欢迎的，这一结论将引发我们对下一话题的讨论。

鼓励选择的家长制管理

这一部分涉及本章的核心观点，这一观点相当简单：那些支持积极选择的人通常表现出了对家长制管理的倾向，至少在人们不愿意作出选择时，他们还鼓励或要求人们作出选择，这种情况下便是如此。由于这种情况广泛存在，从相关意义上来说，那些要求进行积极选择的人表现得像家长主义者。同其他情况一样,家长制管理可能是合理的。但是鼓励选择的家长制管理也许会对福利、自主权,或者二者同时造成损害。

家长制管理、福利和自主权

当人们不愿意作出选择时,积极选择是家长制管理吗?为回答这一问题,我们应从定义家长制管理开始。已有大量文献进行了有关这一话题的研究。[1] 让我们考虑其中最难的问题,并注意,尽管家长制管理存在着多种定义,但它仍具有一个统一的概念,即当私人机构或公共机构并不相信人们的选择能够提升他们的福利水平时,他们会为了人们自己的利益影响或改变人们的选择。

这样定义的家长制管理有什么问题?那些反对家长制管理的人通常会提及福利、自主权,或者二者都被提到。他们以各种理由支持个人动因。他们认为个人是对他们个人利益以及如何提升个人福利水平最好的评判者,局外人由于缺乏关键性信

---

[1] 见, e.g., *Paternalism* (Christian Coons & Michael Weber eds., 2013); Gerald Dworkin, *The Theory and Practice of Autonomy* (1988) (Coons and Weber 2013; Dworkin 1988)。

息应当拒绝干涉。约翰·斯图亚特·穆勒强调，当特别关注福利问题时，局外人，包括政府部门的介入，会引起严重问题。考虑穆勒的以下看法，个人"是对其幸福感最为关注的人"①以及"正常的男女远比其他人了解自己"。当社会想要驳回个人的判断时，它所依据的是"普遍假设"，这种做法"也许是完全错误的，即使是正确的，也可能被错误地应用于个别案例"。穆勒的目标是确保人们的生活向更好的方向发展，他坚持认为，对于政府部门而言，最好的做法是让人们作出自己的选择。

　　穆勒提出了一个有关福利的观点，这个观点的基础是个人信息占优。但我们需要另外提出一个有关自主权的观点，即强调即使人们并不知道什么对他们而言是最好的，即使他们可能作出错误的选择，他们也具有作出他们认为最合适的选择的权利（在此处不考虑可能损害他人利益，或者存在集体行动问题的情况）。这一观点认为选择的自由权具有内在价值，而不仅仅是工具价值（我们的证据表明，人们确实这样认为）。损害人们自由选择的权利是对个体尊严的侮辱，以及把人们幼儿化的行为。

---

① 见 John Stuart Mill, *On Liberty* (Kathy Casey ed., 2002) (1859) (Mill 1859)。

鼓励自由选择的家长制管理

无论有关家长制管理的反对是否令人信服，家长制管理在那些不愿进行选择的人身上起作用了吗？也许答案是否定的。也许那些鼓励自由选择的人并没有表现出家长制管理倾向，也许他们的目的是提升人们自我思考的能力，并表现出对人们的高度尊重。这也许就是他们认为自己正在做的事情。回到出租车司机的例子，司机认为他把选择的权利交给乘客是尊重乘客，并没有损害乘客的福利，或侵犯他们的自主权。这个例子是微不足道的。但是其他例子，比如爱情、投资、工作或者医疗，则完全不同。那些支持积极选择的人高度重视动因的实施，他们并不想取代这种权利。他们认为他们同那些支持教育型助推的人同属一类。他们希望激励人们，而非忽视或轻视人们。

然而，经过反复思考，反对家长制管理的核心观点在这里同样成立，因此鼓励选择的家长制管理与要求选择的家长制管理并不是矛盾修辞法。如我们所见，人们会由于多种原因拒绝选择。在他们看来，他们选择放弃选择是提升其福利水平的最佳方式，他们希望这一特定选择能够得到尊重。关注他们自己的福利水平，他们也许会使用一些熟悉的理论框架：他们想要最小化决策成本和错误成本。当选择可能会导致很高的决策成本时，他们也许不想进行选择——除非这种成本能够有效地降低错误成本。如果他们认为某人（出租车司机、雇主或者政府）更可能为他们作出正确的选择，他们也许认为降低错误成本的最佳方法是不进行选择。他们可能会任命某人为他们的代理人，并将自己视为委托人，并怀着信任、满意和愉悦将选择权委托给代理人。

福利。人们相信在某种特定情况下，他们选择放弃选择会得到更好的结果。他们也许缺乏信息或者专门技能。他们也许害怕犯错。他们也许并不享受选择的过程。他们也许认为他人为他们作出选择是更好的做法。他们也许太过繁忙。他们也许并不想付出选择的情感成本，尤其在那些无聊、痛苦或者很难进行深思的方面（例如器官捐献或临终关怀）。他们也许认为交出选择的权利是某种解脱①，甚至是一种乐趣。他们可能不想承担责任。他们也许不想付出对自己的选择感到后悔的精神成本。积极选择使选择者承担起了选择的责任，并因此降低了选

---

① 相关讨论见 Edna Ulmann-Margalit，On Not Wanting to Know，in *Reasoning Practically* 72（Edna Ullmann-Margalit ed.，2000）（Ullmann-Margalit 2000）。

择者的福利水平。

在日常生活中,人们在很多事情上会听取他人的意见,包括家人、朋友,通常这使得他们的境况更好。在正常的关系中,人们从这种相当于默认规则的协助选择中受益,一些人会明确地表达这种收益,而一些人不会。例如,在婚姻关系中,某些事情(例如理财、买家具或者规划假期)也许默认由丈夫或者妻子进行决策,并且在某些特定情况下能够退出这种默认决策机制。在很多情况下,这种行为同人们处理私人机构或公共机构的相关问题并放弃选择的情况很相似。事实上,人们往往愿意付出相当大的代价来让他人替自己作出选择。例如在购买房屋时的代理人的选择。但即便没有明确的收益或者授予代理权,人们也许依然偏好那些没有选择义务的情况。因为这将降低决策成本或者错误成本或者同时降低二者。

例如,琼斯认为他不可能作出有关养老保险计划的正确选择,他也并不想为了能够作出这一选择而接受教育,由此,他就会偏好某项默认规则,依靠此领域的专家作出选择。从穆勒的角度分析:琼斯难道不是最了解自己的人吗?回忆一下穆勒的论点:个人"是对其幸福感最为关注的人"以及"正常的男女远比其他人了解自己"。

155

或者假设史密斯特别繁忙，并且希望只关注她最关心的问题，而不是关注她该选择何种健康保险，或者关于她电脑的正确的隐私设置。难道史密斯的选择没有支持穆勒的观点吗？回忆穆勒的观点，当社会想要驳回个人的判断时，它所依据的是"普遍假设"，而这种假设"也许是完全错误的，即使是正确的，也可能被错误地应用于个别案例"。无论选择者如何进行选择，福利主义者都认为应当遵从选择者的选择，即使这个选择是放弃选择。如果我们相信选择自由的基础是人们是唯一知道什么是对他们最好的人，那么当他们自由地选择了不做选择时，这个论点应该支持尊重人们的选择。

自主权。接下来我们讨论自主权。假设韦斯顿（Winston）在医疗保险、能源提供商、隐私设置或者信用卡计划上实行了他的自主权，决定将选择的权利交给其他人并放弃选择的权利。如果私人机构或公共机构拒绝尊重这一选择，是不是对韦斯顿尊严的侮辱，还是对他尊严的维护？尊重自主权意味着尊重人们有关何时以及是否作出选择的决策。这一结论在人们面对不计其数的选择时是相当合理的，人们在这种情况下也许只想在他们最关切的问题上实行他们的自主权，而不是在那些微不足道的、无聊的以及困难的问题上。

在此背景下存在一个实证性问题。人们是否确实会因为默认规则的存在而备受困扰,或者当他们意识到此类规则是为他们选择好的之后,是否会感到困扰? 对于这一问题,我们并没有一个完美的回答,规则的设置以及信任水平毫无疑问是很重要的。但是注意到在临终关怀计划中我们得到了一个实证性结论,那就是即使当人们被明确告知此处设置了默认规则,并且这一规则被设置的原因是它影响了人们的决策时,人们的做法也并没有受到影响。研究表明,人们并未对默认规则感到不适,即使他们意识到这是选择框架设计师替他们作出的选择,并且这么做的原因是此类默认设置具有显著作用。[①] 有大量证据表明,增加默认规则的透明度并未减弱它们的效果。[②]

---

① 见 George Loewenstein et al. , Warning: You Are About to be Nudged, 1 *Behavioral Science & Policy*, no. 1, 2015, at 35 (Loewenstein et al. 2015)。

② Hendrik Bruns et al. , Can Nudges Be Transparent and Yet Effective? (WiSo-HH Working Paper Series, Paper No. 33, 2016), http://papers. ssrn. com/ sol3/papers. cfm? abstract_id=2816227; Mary Steffel et al. , Ethically Deployed Defaults: Transparency and Consumer Protection Through Disclosure and Preference Articulation, 53 *Journal of Marketing Research* 865 (2016), http://www. ama. org/publications/JournalOfMarketingResearch/Documents/jmr. 14. 0421(ste-ffel_wi-lliams_pogacar). pdf (Bruns et al. 2016; Steffel et al. 2016)。

自由和背离自由

让我们考虑一些更复杂的情况，此时选择放弃选择是对自由的背离。在极端情况下，人们会选择成为奴隶或者放弃某些基本人权。人们也许会选择放弃选举，并不是因为他们无法出现在投票现场，而是因为他们将选举权（正式地）委托给了他人。在很多民主国家，这种权利的委托是不被允许的，也许是因为它违反了选举系统的内在逻辑（在某种程度上通过禁止投票授权来解决集体行动问题），但也许是因为它意味着人们放弃了他们的自由。又或者人们选择不去选择是出于尊重他们的宗教信仰或者未来伴侣，因此他们可能将此种选择的权利委托给他人（当然这种情况在世界的很多地方正在发生）。在这些涉及人们生活的核心要素的方面，我们认为选择的自由不能被侵害，相关决定必须由当事人自己进行选择。简言之，人们无法获得自由，除非他们行使自己的代理权。

哪种情况属于这个分类是一个复杂的问题。但即使这一分类囊括了相当广泛的内容，它也不能被简单地看作是对出于自主权的考虑，人们应当被允许在很多领域不进行选择这一命题的普遍的反对理由。

不对称性

鼓励选择的家长制管理本身并不是一个矛盾修辞法。然而它具有独特的吸引力,并且在很多情况下,它同那些(1)不支持选择的家长制管理以及(2)明确不鼓励选择的家长制管理具有显著差异。考虑我们熟悉的例子:(1)默认规则以及(2)劝说人们委托权利,而不是自己选择的警示或提示信息。例子(2)相当罕见,但我们能够在金融领域和医疗领域发现此类案例。例子(1)比较常见。

那些支持鼓励选择的家长制管理的人也许会认为这一措辞是有道理的,但是他们会反对从一个辩论手的角度来讨论这个问题。他们也许会反复重申他们的动机是相当吸引人的,一旦选择确实受到了鼓励,有关家长制管理的主要忧虑就会被削弱甚至消失。我已经说明了这一想法是错误的,这种忧虑是非常重要的。但那些支持鼓励选择的人也许会使用这样的借口,实际上,他们并没有不尊重选择者或以任何方式侮辱选择者,相反地,他们表现出了对选择者的尊重。他们也许会额外表明他们最关心的问题是选择者的福利水平。我们应该警惕选择框架设计师可能会由于无知、偏见或忽视了个人情况的重要性而犯错的风险。他们也许会宣称他们是穆勒的忠实信徒。即使他们注意到了一些人会选择不进行选择，他们也可能会做这样的声明。也许将选择去机场路线的权利交给司机是没有问题的，但是如果这个决策涉及医疗领域或金融领域呢？

这里有一些合理观点。确实有一些不愿意进行选择的人可能会极力反对那些希望影响或推翻此种想法的局外人。但鼓励选择的人确实有与尊重选择者和他们的福利有关的独特的和可敬的动机。当然，问题是选择者可能并不赞同他们：他们知道他们在做什么，他们不愿意作出选择。他们也许是病人、客户或者投资者，他们将选择视为负担。在反对家长制管理的框架下，拒绝他们评判的家长制管理是令人讨厌的。但家长制管理的结果最终可能是合理的，这使得我们又回到了基本原则。

家长制管理合理吗？

福利角度

一个重要的认识是，选择放弃选择可能不符合选择者的利益（正如选择者在深思熟虑后所明确的那样）。由于这个原因，鼓励选择或要求选择的家长制管理可能会有一个福利主义的正当理由。也许选择者放弃选择仅仅是由于他缺乏重要信息，这反映了默认规则是有害的，或选择框架设计师是无知的，或者不可信的。也许他存在某些行为偏误，这些偏误可能导致他作出了放弃选择的选择，正如这些偏误也可能导致他作出进行选择的选择一样。

也许不进行选择的人拒绝进行某项有价值的投资，比如说获取知识，可能是由于他缺乏远见，并受到了短期选择成本的严重影响，从而低估了潜在的可能相当大的长期收益。某种现状偏误可能会导致人们放弃选择。也许放弃选择的人存在某种自控问题，他无法慢下来并花时间考虑那些并不十分有趣的问题，尽管短期内这些问题可能相当无趣，但是最终他将从中获益良多。也许他没有意识到自己的品味是可以改变的。或者放弃选择者受到了"可得性偏见"的严重影响，由于对现时状况的过度反应导致了他的决策失误。

对那些从福利角度反对家长制管理的人而言，这类担忧通常是提供了更多更好的信息的合理理由，而不是为了阻止人们进行选择，包括阻止人们放弃选择。但也许选择者应当被助推着作出选择。也许教育型助推和非教育型助推都应被用于这个目的。作为自由的家长制管理的一种形式，鼓励选择的家长制管理也许比要求选择的家长制管理更为合适。

从福利角度来看，支持鼓励选择或者要求选择的家长制管理的理由都是相同的，大体上都是有关鼓励或要求某种行为的理由。当然，福利主义者反对家长制管理可能是错误的，我们能够举出很多家长制管理在福利领域相当合理的例子。但考虑到他们的反对理由，关键问题是在大体上或者某些特定情况下，选择放弃选择是否可能会出错，理论上而言，没有任何一种选择是具有错误倾向的。考虑到人们具有过度自信的倾向，选择放弃选择也许是正确的，这会在要求选择的家长制管理中造成严重问题。在大多数情况下，有关个人错误的忧虑似乎会使得人们支持鼓励选择的家长制管理，而不是更激进的形式。

考虑一下这方面的证据，人们花了太多的时间试图作出正确选择，结果导致了巨大的福利损失。在很多情况下，人们低估了选择的潜在成本，并夸大了它的收益，这就产生了"在任务表现以及任务导致的效果上对有更多或更少的选择自由的影响的预测的系统性错误。"① 如果人们犯了此类系统性错误,那么有理由认为,他们可能在某些从福利角度应选择放弃选择的情况下选择了进行选择。

可以确定的是,某些福利主义者非常希望干涉人们的选择,他们可能是自由或非自由的家长制管理者,认为某种程度的家长制管理能够使人们的生活更好。一个简单的结论是:代表选择自由的标准福利主义论据适用于那些(自由地)选择不做选择的人。从福利的角度来看,家长制管理是否合理主要取决于这里所概括的考虑——是否有理由认为那些选择不进行选择的人在他们自己的福利方面犯下了严重的错误。

自主权和动因角度

我们已经看到,从自主权的立场上看,对选择放弃选择进行干涉可能是令人反感的。允许选择者将他们的精力集中在他们想要关心的问题上表现了对他们的尊重,也表现了对他们尊严的认可。人们通过选择放弃选择而行使代理权,这种代理权

---

① 见 Simona Botti & Christopher Hsee, Dazed and Confused by Choice, 112 *Organizational Behavior and Human Decision Process* 161 (2010)(Botti and Hsee 2010)。

的行使应当被尊重。

正如我们所见，最明显的例外是这种选择被视为是对自由的背离。但也许这里存在着另外一些例外，这些例外提出了在自主权的角度上，鼓励选择或者要求选择的家长制管理是否合理的问题。雇主也许认为雇员应当自行选择医疗保险计划，这样才能锻炼和提升他们自我动因的能力。这个情况不仅仅在医疗保险计划的选择中存在，也在需要相似的知识和统计素养水平的选择中存在。对于医疗问题而言，最好的方法通常是尝试激发人们的能力，也许是通过提供简单信息，也许是通过教授统计学知识，因为这种做法能够在多个领域提升人们的自主权。在养老金计划中也有相似的观点支持积极选择。这样的例子很容易被复制。

这个观点证明，如果我们的目标是提升自我动因的能力和自主权，我们并不总是很清楚是否应该支持鼓励选择的家长制管理。一方面，人们确实在决定何时以及是否进行选择时行使了他们的自主权。事实上，这是行使自主权的最基本的方式之一。另一方面，做选择就像是一种肌肉训练，可以通过反复使用来加强。对于选择框架设计师而言，最常见的建议是，从自主权的角度来说，人们通常应当能够选择或者不选择，但在某些情况下,自主权的提升本身就可以成为影响或推翻放弃选择的正当理由。就自主权而言,这一观点的有效性主要依赖于在某些特定情况下鼓励做选择的价值。

实 例

在什么情况下不允许选择放弃选择会被视为家长制管理?比如人们在不进行选择(例如选举或者购买医疗保险)或不想进行选择时会被视为犯罪。为了明确是否涉及家长制管理,我们必须知晓为什么人们被迫进行选择。如果人们面临着某项集体行动问题,并且这种强制手段是为了解决这个问题,那么此时并不涉及家长制管理。但如果政府认为人们作出选择对他们自己来说是最好的,或者为了确保人们作出最佳行动而使用惩罚手段,那么我们确实遇到了家长制管理的问题。问题的关键就在惩罚的原因上。

在有关人们是否应当被强制要求参加选举或加入医疗保险计划上,一个合理的观点认为,强制手段的目标是为了解决集体行动问题。但是我们也能够很容易地找到另外一些案例,其中人们被强制要求进行选择是因为这样做对他们是有益的,即使他们并不这么认为。一些既支持强制选举又支持"个人强制"医疗保险的人正是这样认为的。在后一种情况中，这种想法可能是担心人们受到惯性的影响，或者在事情向未预料到的错误方向发展时，无法作出保护自己的选择。

现在考虑杠杆化手段的案例，这涉及很多有趣的问题。在这种情况下，一些选择者毫无疑问地想要放弃选择，然而鼓励或者要求积极选择干预或无视了他们的偏好。尽管如此，选择框架设计师仍在这样做。那么，是不是因为这个原因使得积极选择带有了家长制管理的色彩？

如前所述，这个答案的关键在于选择框架设计师为何坚持使用积极选择。器官捐献的问题并没有涉及家长制管理。因为它的目标是保护第三方，而非保护选择者。选择框架设计师支持减少环境污染的问题亦然，因为在这样的情况下，第三方处于风险中。考虑一下，作为进入雇佣关系的条件，人们被助推或被要求在养老保险上作出积极选择，假设选择框架设计师认为这样对雇员有利，即使潜在的雇员并不这么认为（他们更偏好默认规则）。如果是这样的话，选择框架设计师就使用了家长制管理。在相似的情况下，那些坚持使用积极选择的人很难避免家长制管理，因为他们正在使用家长制管理。

　　在常规市场制度中，何种情况涉及家长制管理是很让人困惑的。怎么能说"除非你进行了积极选择，否则你将无法拥有一双鞋、一台平板电脑、一部手机或者一个鱼钩"是家长制管理呢？这是一个好问题，但并不应被视为反问。再次重申，所有的事情都取决于该种系统中的选择框架使用强制手段的原因。

　　确实有很多正当理由支持自由市场和积极选择，其中有很大一部分完全和家长制管理无关。其中一些理由提到了效率，另一些则提到了自治。但是假设我们认为积极选择是确保人们发展出某种特性或品味的一种方法。假设这个观点是，选择者获得了独立、自我满足和某种主动性，而一个（基于背景权利的）自由选择系统正是由于这个原因而被需要的。假设它的目标是为了支持和提升自我动因的能力。从某些重要的角度，这些能够被认为是家长制管理的正当理由。

　　对于那些强调选择自由的重要性的人来说，这个观点并不陌生，这一观点在穆勒捍卫自由的论述中十分重要。这个观点同样也是早期对自由市场的辩护。艾伯特·赫希曼（Albert Hirschmann）的著名论述认为自由贸易创造了某种特定的文化，在这种文化中，基于宗教与道德的传统社会中的分立被人们的逐利行为所削弱。[①] 对那些支持自由选择的人而言，重要的问题并不是社会分化的减弱，而是培养敬业、有活力和见多识广的人。那些支持积极选择的人通常支持被哲学家称为自由完美主义的理论，这一理论包含了政府应当合理地促进某些优良品质，因为对于人们而言，拥有这些品质是最佳结果。从某种程度上说，积极选择提升了独立性、自我满足感和主动性，即使有一些人选择放弃选择，积极选择也可能是完美主义者的首选。不管人们是否希望拥有或行使他们自我动因的能力，提升人类自我动因的能力都是它要实现的目标。

当然，认为那些支持自由市场的人是在支持任何形式的家长制管理并不完全准确，这么看待他们通常是错误的。因为还有其他的理由存在，特别是在常规市场制度的情况下，人们通常具有选择的欲望。但是假设某些私人机构或公共机构出于造福人们的目的而支持积极选择，但拒绝默认规则。回忆我们之前的定义，当某个私人机构或公共机构不相信人们的选择能够提升他们的福利水平，并为了人们自己的利益采取行动以影响或改变人们的选择时，就出现了家长制管理。如果人们偏好不

---

① 见 Albert Hirschmann, *The Passions and the Interests* (1997) (Hirschmann 1997)。

去选择，而积极选择政策无视了人们的这个选择，那么家长制管理确实存在，即使在某些涉及常规市场制度的问题上。

结　语

选择可以带来巨大的收益，是一种恩赐；或者相反，也有可能带来沉重的负担，变成某种诅咒。确实，人们喜欢动因和控制，并愿意为它们付出额外代价。同时，人们想要保留自己的认知资源，他们珍视思想的宁静。生活中最珍贵的礼物很简单，那就是时间。

人们并不喜欢出租车司机询问他们去机场究竟走哪条路，这种行为是合理的。病人们宣称他们并不需要接受太多有关癌症的潜在治疗方法的教育，这也是合理的。当人们面对电脑设置、贷款、身体检查和治疗、医疗保险政策和养老计划时，他们想要寻求代理人帮助他们进行决策，这种行为也是合理的。在评判私人机构或公共机构，以及个人对选择自由的不同的态度时，尊重他们经常渴望自由选择以及经常厌恶自由选择是十分重要的。如果其中一个被忽视，就存在着低水平的政策评价以及高水平的理论主张彻底失败的风险。

　　许多人认为积极选择和家长制管理之间存在某种对立，但这种对立并不存在，这种观点甚至是一个逻辑错误。原因在于有些人选择了放弃选择，或者在被允许放弃选择时会这么做。选择的权利确实存在某种内在价值，但人们有时通过将选择的权利赋予他人来行使这项权利。保姆制国家禁止人们进行选择，但同时也禁止人们选择放弃选择。

　　如果政府部门无视这种选择，那么他们就进行了家长制管理，至少，他们的动机是积极选择对那些拒绝选择的人是有好处的。坚持使用积极选择也许会在减少人们的福利的同时损害他们的自主权。人们行使代理权的一种方式就是选择放弃选择。至少从这个角度来说，选择放弃选择也应当受到尊重，即使局外人希望人们作出其他选择。

参考文献

Bar-Gill, Oren, and Cass R. Sunstein. 2015. Regulation as Delegation. *Journal of Legal Analysis* 7: 1-36.

Bartling, Bjorn, and Urs Fischbacher. 2012. Shifting the Blame: On Delegation and Responsibility. *The Review of Economic Studies* 79: 67.

Bobadilla-Suarez, Sebastian et al. 2016. Are Choosers Losers? The Propensity to Under-Delegate in the Face of Potential Gains and Losses (unpublished manuscript). https: //papers. ssrn. com/sol3/papers. cfm?abstract_ id＝2733142.

Botti, Simona, and Christopher Hsee. 2010. Dazed and Confused by Choice: How the Temporal Costs of Choice Freedom Lead to Undesirable Outcomes. *Organizational Behavior and Human Decision Processes* 112: 161.

Bown, N. J., et al. 2003. The Lure of Choice. *Journal of Behavioral Decision Making* 16: 297.

Bruns, Hendrik et al. 2016. Can Nudges Be Transparent and Yet Effective? WiSo-HH Working Paper Series, Paper No. 33. https://papers.ssrn.com/sol3/papers.cfm?abstract_id＝2816227.

Carmon, Ziv et al. 2003. Option Attachment: When Deliberating Makes Choosing Feel Like Losing. *Journal of Consumer Research* 30: 15.

Coons, Christian, and Michael Weber (eds.). 2013. *Paternalism: Theory and Practice*. Cambridge: Cambridge University Press.

Coupe, Tom, and Abdul Noury. 2004. Choosing Not to Choose: On the Link Between Information and Abstention. *Economics Letters* 84: 261.

Dwengler, Nadja et al. 2013. Flipping A Coin: Theory and Evidence (unpublished manuscript).

Dworkin, Gerald. 1988. *The Theory and Practice of Autonomy*. Cambridge: Cambridge University Press.

Hirschmann, Albert. 1997. *The Passions and the Interests: Political Arguments for Capitalism Before Its Triumph*. Princeton: Princeton University Press.

Loewenstein, George et al. 2015. Warning: You Are About to be

171

Nudged. *Behavioral Science & Policy* 1 (1): 35.

Marzilla Ericson, Keith M. , and Andreas Fuster. 2013. *The Endowment Effect*. Nat'l Bureau of Econ. Research, Working Paper No. 19384. http: //www. nber. org/papers/w19384.

Mill, John Stuart. 1859. *On Liberty*, ed. Kathy Casey (2002).

Owens, David et al. 2014. The Control Premium: A Preference for Payoff Autonomy. *American Economic Journal: Microeconomics* 6: 138 – 161. doi: 10. 1257/mic. 6. 4. 138.

Sharot, Tali et al. 2009. How Choice Reveals and Shapes Expected Hedonic Outcome. *The Journal of Neuroscience* 29: 3760. doi: 10. 1523/JNEUROSCI. 4972-08. 2009.

Steffel, Mary et al. 2016. Ethically Deployed Defaults: Transparency and Consumer Protection through Disclosure and Preference Articulation. *Journal of Marketing Research* 53: 865. https: //www. ama. org/publications/JournalOfMarketingResearch/Documents/jmr. 14. 0421(steffel_williams_pogacar).pdf.

Sunstein, Cass R. 2015. *Choosing Not to Choose: Understanding the Value of Choice*. Oxford: Oxford University Press.

Thompson, S. C. 1999. Illusions of Control: How We Overestimate Our Personal Influence. *Current Directions in Psychological Science* 8: 187 – 190. doi: 10. 1111/1467-8721. 00044.

Ulmann-Margalit, Edna. 2000. On Not Wanting to Know. In *Reasoning Practically*, ed. Edna Ullmann-Margalit. Oxford: Oxford University Press.

图书在版编目（CIP）数据

　　助推：快与慢：人类动因与行为经济学/（美）卡斯·R. 桑斯坦著；王格非，路智雯译. --北京：中国人民大学出版社，2021.1
　　ISBN 978-7-300-18831-7

　　Ⅰ. ①助⋯　Ⅱ. ①卡⋯　②王⋯　③路⋯　Ⅲ. ①行为经济学-研究　Ⅳ. ①F069.9

　　中国版本图书馆 CIP 数据核字（2020）第 166067 号

助推：快与慢
——人类动因与行为经济学
〔美〕卡斯·R. 桑斯坦（Cass R. Sunstein）　著
王格非　路智雯　译
路智雯　吕文慧　周业安　校
Zhutui：Kuaiyuman

出版发行	中国人民大学出版社
社　　址	北京中关村大街 31 号　　　　　　**邮政编码**　100080
电　　话	010 - 62511242（总编室）　　　　010 - 62511770（质管部）
	010 - 82501766（邮购部）　　　　010 - 62514148（门市部）
	010 - 62515195（发行公司）　　　010 - 62515275（盗版举报）
网　　址	http://www.crup.com.cn
经　　销	新华书店
印　　刷	北京联兴盛业印刷股份有限公司
规　　格	148 mm×210 mm　32 开本　　　　**版　次**　2021 年 1 月第 1 版
印　　张	6　插页 3　　　　　　　　　　　　**印　次**　2021 年 1 月第 1 次印刷
字　　数	96 000　　　　　　　　　　　　　　**定　价**　52.00 元